La duchesse de Bloomsbury Street

Helene Hanff

La duchesse de Bloomsbury Street

Traduit de l'anglais (États-Unis), préfacé et annoté par Jean-Noël Liaut

PETITE
BIBLIO
PAYOT

Retrouvez l'ensemble des parutions
des Éditions Payot & Rivages sur

payot-rivages.fr

TITRE ORIGINAL :
The Duchess of Bloomsbury Street

Préface

Imaginez un croisement entre Mme de Sévigné et Woody Allen, et vous obtiendrez Helene Hanff (1917-1997). Un talent unique d'épistolière associé à une perfusion d'humour juif new-yorkais – hypocondrie comprise, comme il se doit. Grâce à 84, Charing Cross Road[1], *une partie infime de sa correspondance est devenue un best-seller planétaire et des milliers de lecteurs français ont récemment succombé au « ton Hanff », tour à tour bougon et allègre, entre flirt et douche froide. On ne sait jamais très bien si elle est une pessimiste gaie ou une optimiste triste – la clé de son charme, sans nul doute.*

Helene Hanff doit son passeport pour l'éternité à une poignée de lettres écrites entre 1949 et 1969. Adressées au personnel d'une librairie spécialisée en livres rares, elles brossent le portrait irrésistible

1. Je remercie mille fois mon amie Nine Moati de m'avoir fait découvrir ce livre.

d'une iconoclaste au grand cœur. À première vue elle n'est pas à prendre avec des pincettes. Pourtant la lectrice exigeantissime va peu à peu faire oublier son image de bas-bleu pour révéler une facette bien différente de sa personnalité : elle inondera ses nouveaux amis de colis alimentaires à l'heure où la Grande-Bretagne souffre des pires rationnements. Mais surtout pas de remerciements bruyants ! Miss Hanff a les épanchements en horreur.

Elle-même vivait alors dans des conditions matérielles précaires, essayant de placer tant bien que mal pièces de théâtre et articles. Helene Hanff, qui avait souffert de la pauvreté dès l'enfance, ne pouvait supporter la moindre injustice – injustice qu'elle combattit toute sa vie, devenant d'ailleurs la première femme présidente du Lenox Hill Democratic Club.

Rassemblée en un mince volume sous le titre 84, Charing Cross Road, *sa correspondance avec les employés de la librairie Marks & Co. m'évoque cette pensée de François Mauriac : « Je crois que la vocation d'écrivain tient tout entière en ce que me disait un ami du collège à la veille des vacances : "Tu m'écriras de belles lettres." » Sentiment partagé, j'en suis certain, par ses admirateurs des cinq continents.*

La Duchesse de Bloomsbury Street *propose une suite à* 84, Charing Cross Road *: « après toute une vie d'attente », Helene Hanff arrive enfin à Londres ; celle qui fut une Amélie Poulain avant l'heure se voit récompensée. Son ami libraire, Frank Doel, est mort, mais sa veuve, sa fille et une foule de* *personnages hauts en couleur l'accueillent lors de ce séjour en juin-juillet 1971, ses premières vacances, à l'âge de cinquante-quatre ans.*

Ses inconditionnels la retrouveront dans ces pages fidèle à elle-même – incisive, « compassionnelle », coléreuse aussi mais toujours magnifiquement lucide. S'adressant cette fois directement au lecteur, miss Hanff nous offre un pèlerinage unique en son genre, émaillé de points de vue savoureux sur des sujets aussi divers que l'architecture, un déplacement en bus, la prostitution, le fonctionnement des douches, la famille royale, les fêtes nationales, la bonne santé des syndicats ou la littérature anglaise, son seul grand amour. Les fantômes de Shakespeare et de George Bernard Shaw sont d'ailleurs les guest-stars *de ce journal intime.*

« Ce goût des livres était en lui des plus anciens. Enfant, un page le trouvait quelquefois à minuit son livre encore à la main. On lui ôtait son chandelier : il élevait des vers luisants en guise de chandelles. On lui ôtait ses vers luisants : il manquait mettre le feu à la maison avec une mèche d'amadou », écrit Virginia Woolf dans Orlando. *« Quand cette peste de lecture s'est emparée d'un homme, elle l'affaiblit tant qu'il devient une proie facile pour l'autre fléau – celui qui se tapit au fond de l'encrier et purule au bout de la plume. Le malheureux est pris de la rage d'écrire*[1]. »

1. Virginia Woolf, *Orlando*, traduit de l'anglais par Charles Mauron, Paris, Stock, 1983, p. 87 et 89.

Rien, à l'exception du contexte social, ne saurait mieux définir Helene Hanff que ces quelques lignes : lecture et écriture furent au centre de sa vie.

Pendant plus d'un mois, cette New-Yorkaise pur jus va partir sur les traces de ses héros de toujours, dramaturges, poètes, ecclésiastiques et philosophes, de préférence élisabéthains. Parmi tous John Donne, l'auteur du Pseudo-Martyr, *fait figure de favori – Shakespeare étant hors compétition, cela va de soi –, ce qui en dit long sur les goûts littéraires de miss Hanff. Poids plumes s'abstenir…*

Sa passion pour la littérature anglaise l'a aidée à survivre dès l'adolescence. Peu importaient les difficultés quotidiennes – meublés sordides, hôtels miteux, textes refusés… – puisque ses précieux volumes ne la quittaient jamais. Ainsi, dès qu'elle arrivait dans un lieu nouveau, sa machine à écrire sous le bras, miss Hanff commençait par improviser une bibliothèque pour accueillir ses meilleurs amis : à défaut d'acajou, des caisses d'oranges peintes en bleu faisaient parfaitement l'affaire. Deux ou trois pages des Vies *d'Izaak Walton, et le monde extérieur n'existait plus. Ce premier séjour en Angleterre – car loin de se limiter à Londres, elle se rend à Stratford, à Oxford, à Windsor – a donc valeur de symbole. La lectrice, devenue à son tour écrivain, rend hommage à ses maîtres et découvre les lieux où ils ont vécu.*

Que vous dire d'autre ? Ah, oui… Helene Hanff aimait aussi les perles fines, le curry, les martinis – elle nous livre d'ailleurs sa recette secrète dans

La Duchesse de Bloomsbury Street – *et les vêtements masculins, bien plus pratiques. « En hiver les jupes sont sujettes aux courants d'air, sans oublier qu'elles vous freinent lorsque vous vous déplacez... » Bien qu'elle s'en défendît, notre héroïne avait un certain chic, qui n'était pas sans rappeler Katherine Hepburn : tailleur-pantalon, mocassins et foulard de soie artistiquement noué. Mais lorsqu'une journaliste anglaise ose écrire combien elle la trouve élégante, miss Hanff commente d'un ton ironique : « Pendant des années j'ai été cette petite horreur qui courait de tous côtés en talons plats, pantalon et sac à bandoulière. Aujourd'hui je n'ai toujours rien changé à mes habitudes, mais après une vie entière de disgrâce mon style est salué dans les pages de l'*Evening Standard. »

Loin de mener une vie d'anachorète bibliophile, Helene Hanff avait de nombreux amis – parmi lesquels l'irrésistible Celeste Holm, ce qui ne surprendra guère les cinéphiles. Je crois n'avoir rien oublié. Mais si, bien sûr... Elle tenait scrupuleusement à jour la liste de ses saints préférés.

Jean-Noël LIAUT.

Bon vent !

Jeudi 17 juin 1971. Il s'agit, théoriquement, de l'un des jours les plus heureux de ma vie. L'avion a décollé de l'aéroport Kennedy à 10 heures du matin précises. Le ciel était bleu et ensoleillé, et après toute une vie d'attente je m'envolais enfin pour Londres.

Mais je viens également de sortir de l'hôpital après une intervention imprévue, et je suis terrifiée à l'idée de partir seule à l'étranger – je suis terrifiée à l'idée de me rendre seule dans le Queens ou dans Brooklyn : je me perds toujours. Je ne sais comment je réagirai si quelque chose se passe mal et si personne ne m'attend à l'arrivée. Je ne sais surtout que faire de la valise que j'ai empruntée – un vrai mammouth. Je ne peux la soulever seule, et encore moins la porter.

Des années durant j'ai projeté un pèlerinage à Londres, toujours annulé à la dernière minute, en général pour des raisons financières. Cette fois c'est différent. Depuis le début le ciel semble avoir favorisé ce voyage.

J'ai écrit un livre intitulé *84, Charing Cross Road*, et quelques mois après sa parution à New York un éditeur londonien du nom d'André Deutsch en a acheté les droits pour le publier en Grande-Bretagne. Il m'a écrit que l'édition anglaise serait prête pour le mois de juin et qu'il désirait que je vienne sur place afin d'aider à sa promotion. Puisqu'il me devait une petite « avance », je lui ai répondu de garder cette somme pour mon séjour. J'espère qu'elle sera suffisante pour me faire vivre à Londres pendant trois semaines, à condition de ne pas faire de folies.

En mars, le *Reader's Digest* a acheté l'un de mes articles, consacré aux lettres envoyées par mes admirateurs ; ce chèque m'a permis d'acheter un billet d'avion, quelques vêtements coûteux, et aussi de faire appel aux services d'un chirurgien de renom.

À l'annonce de l'opération, les contributions ont afflué de toutes parts. Le club démocrate dont je suis membre n'a pas envoyé de fleurs à l'hôpital mais un bon d'achat de chez Harrods. Un ami qui revenait de Londres a glissé une liasse de livres sterling sous ma porte avec la mention : « Pour des places de théâtre. » Et l'un de mes frères m'a rendu visite et m'a offert cent dollars « pour aller à Paris ». Je n'ai aucune intention d'aller à Paris – Londres est la seule ville que j'aie jamais voulu visiter –, mais ces cent dollars m'accordent une semaine de plus à Londres, ainsi que diverses frivolités, taxis et autres coiffeurs. Financièrement, tout va bien pour moi.

Hier soir, deux amis ont donné une soirée d'adieu en mon honneur. J'avais passé la journée à faire mes bagages, déclenchant la fureur et l'indignation de mes organes vitaux, et j'ai quitté la soirée de bonne heure. J'étais au lit et endormie dès minuit. À 3 heures du matin, me voilà soudain réveillée, le regard fixe, le ventre noué alors qu'une petite voix me répétait :

« Qu'est-ce qui te prend ? Partir seule à des milliers de kilomètres de chez toi, et tu n'es même pas en BONNE SANTÉ ! »

Une fois debout, je me suis accordé une crise de nerfs, un martini et deux cigarettes avant de me recoucher et de passer le reste de la nuit à rédiger des télégrammes d'annulation.

Paul, le portier, m'a conduite à l'aéroport. Je me suis présentée au contrôle des passeports, tenant d'une main mon manteau, un foulard, des magazines et un chandail supplémentaire, alors que l'autre retenait le pantalon de mon nouveau tailleur bleu marine, qui refuse de rester en place depuis l'opération.

Faire la queue s'est révélé tout aussi inconfortable que si j'avais été suspendue en l'air par les pouces, et lorsque j'ai été finalement autorisée à monter à bord je me suis glissée à ma place, près du hublot, heureuse de savoir que pendant cinq heures je n'aurais pas à bouger un seul muscle. On m'a apporté des sandwiches et du café que je n'avais pas préparés ; on m'a apporté un martini ; et plus tard quelqu'un allait tout nettoyer. J'ai commencé à me décontracter.

Une fois que j'ai été complètement détendue, la petite voix m'a demandé ce que je prévoyais de faire si quelque chose se passait mal et si personne ne m'attendait à l'arrivée. Pour couper court à la panique, j'ai sorti les lettres de mon sac à bandoulière afin de les relire attentivement.

La première avait été envoyée par Carmen, la responsable de la publicité des éditions André Deutsch.

> Chère Helene,
>
> J'ai confirmé votre réservation à l'hôtel Kenilworth pour le 17 juin. Il est à deux pas des éditions Deutsch, vous ne vous sentirez donc pas trop seule. Votre livre sortira en librairie le 10 juin. Je regrette que vous ne soyez pas là, mais quelle joie de vous savoir en voie de guérison !
>
> Il nous tarde à tous de vous rencontrer le 18.

Grâce à un malentendu, je dispose de deux chambres d'hôtel, l'une au Kenilworth et l'autre au Cumberland. Sur les conseils d'amis ayant beaucoup voyagé, j'ai décidé de garder les deux au cas ou l'une d'entre elles ne serait pas disponible à mon arrivée. Mais je vais d'abord au Kenilworth : il est meilleur marché.

La deuxième lettre – un petit mot écrit à la hâte – est signée de Nora Doel. *84, Charing Cross Road* raconte l'histoire de ma correspondance, qui a duré vingt-deux ans, avec Marks & Co., une librairie londonienne, et tout particulièrement avec son acheteur principal, Frank Doel, dont la mort soudaine a donné naissance au livre. Nora est sa veuve ; Sheila est sa fille.

Helene,

Sheila et moi vous attendrons à l'aéroport d'Heathrow jeudi soir à 10 heures. Nous sommes toutes les deux très excitées.

Bon voyage.

Nora.

La troisième me vient d'un Anglais qui m'avait écrit une lettre de fan après avoir lu *84, Charing Cross Road.* « Quand viendrez-vous enfin à Londres ? » me demandait-il. Je lui ai fait part de ma décision et voici sa réponse :

Je suis un éditeur à la retraite et je travaille désormais à l'aéroport de Londres. Je vous en prie, si je peux vous être d'une aide quelconque, FAITES APPEL À MOI ! Je pourrai vous accueillir à votre descente d'avion et nous passerons la douane et l'immigration ensemble. Si des amis vous attendent, ils ne pourront vous retrouver qu'après la douane. Moi je serai là juste à la sortie de l'avion, avant même que vos pieds délicats n'aient foulé le sol britannique.

Je n'ai pas la moindre idée de la manière dont il va procéder mais je compte fortement sur lui pour accueillir mes pieds délicats à ma descente d'avion. Que sais-je du service des Douanes et de l'Immigration ?

J'ai également sur moi une lettre de fan envoyée par l'épouse d'un professeur américain en poste à Oxford pour un an : elle m'invite à leur rendre visite sur place. Une autre lettre de fan, une Américaine qui vit à Londres, me propose une visite de la ville à pied. La dernière est de Jean Ely, une actrice new-yorkaise à la retraite que j'ai rencontrée à la suite de la publication du livre :

> Chère Helene,
>
> J'ai écrit à un ami londonien à votre sujet. C'est un ancien élève d'Eton et il connaît Londres mieux que personne, du moins dans mon entourage. Jusqu'à aujourd'hui je n'avais jamais entrepris une telle démarche auprès de lui, mais je lui ai dit que vous étiez une visiteuse à qui il devait tout particulièrement faire découvrir Londres. Il s'appelle Pat Buckley et vous contactera au Kenilworth.
>
> Je ne vous souhaite pas un merveilleux séjour, il ne saurait en être autrement.
>
> Jean.

P.-S. : Tenez un journal. Vous allez vivre des heures passionnantes et vous ne vous en souviendrez jamais sans l'aide d'un journal.

J'ai relu toutes ces lettres plusieurs fois. Je n'ai pas arrêté de vérifier mon passeport et mon certificat de vaccination ; j'ai étudié une fiche présentant les diverses pièces de monnaie anglaises et j'ai lu une brochure offerte par la BOAC[1], que je n'avais pas eu le temps de parcourir auparavant. Elle recense « les indispensables à emporter avec vous en voyage ». Il me manque quatorze des vingt-trois articles recensés :

– 3 robes lavables ;
– 2 gilets ;
– 2 paires de gants ;
– petit(s) chapeau(x) ;
– twin-set ;
– étole de laine ;
– robe du soir ;
– sac de soirée ;
– chaussures de soirée ;
– gaine.

J'ai emporté trois tailleurs-pantalons, deux jupes, plusieurs chandails et corsages, un blazer blanc et une robe. Cette dernière – en soie, chic et coûteuse – est accompagnée d'un manteau assorti. Je la porterai le soir, au sens large du terme.

---

1. La compagnie aérienne British Overseas Aircraft Corporation.

J'ai sorti mon plan de Londres et je m'y suis plongée. Je ne peux déchiffrer un plan qu'en termes de Haut, Bas, Gauche et Droite, mais j'ai entouré les endroits essentiels – Saint Paul, l'abbaye de Westminster, la Tour de Londres – et j'ai établi l'itinéraire de plusieurs promenades à pied, d'un bout à l'autre de la carte. Je garde les endroits essentiels pour la fin de mon séjour, car j'espère alors être capable de faire la queue de longs moments, mais entre-temps j'aurai pu visiter toute la ville à pied. (J'ai découvert que je me porte comme un charme dès lors que je suis en mouvement.)

J'ai été parfaitement calme et heureuse jusqu'à ce qu'une voix annonce dans le haut-parleur :

« Il est 21 h 50, nous allons atterrir à l'aéroport d'Heathrow dans cinq minutes, il pleut sur Londres. »

« Ne panique pas. Mais il faut que tu décides maintenant ce que tu feras si Nora et Sheila ne sont pas là et si ce cinglé a oublié que tu arrivais aujourd'hui. »

J'ai décidé que je téléphonerais à Nora et Sheila Doel après avoir recherché leurs coordonnées dans l'annuaire. Si elles ne répondent pas, je tenterai de joindre Carmen, aux éditions Deutsch. Si elle ne répond pas, je m'adresserai à un employé de l'aéroport à qui je demanderai :

« Excusez-moi, monsieur. J'arrive à l'instant de New York, j'ai une valise qu'il m'est impossible de soulever, je ne sais comment me rendre à l'hôtel Kenilworth, et je ne me sens Pas Bien. »

L'avion a amorcé sa descente et les passagers ont commencé à récupérer leurs bagages à main. Je n'avais pas de bagage à main. Je suis restée assise, glacée, me répétant en moi-même que si personne ne m'accueillait j'attendrais à l'aéroport le prochain vol pour New York et repartirais aussitôt chez moi. C'est alors que j'ai entendu à nouveau la voix dans le haut-parleur :

« Miss Hanff pourrait-elle se faire connaître auprès d'un membre de l'équipage ? »

J'ai bondi de mon siège et j'ai agité ma seule main libre (l'autre retenait mon pantalon en permanence), mais je me suis très vite aperçue qu'il n'y avait pas un seul membre d'équipage en vue. Les autres passagers, qui faisaient la queue pour quitter l'avion, m'ont dévisagée d'un drôle d'air tandis que, rougissante mais submergée par un sentiment de soulagement, je rassemblais toutes mes affaires de ma main libre avant de rejoindre la fin de la queue. Maintenant que je me savais attendue, j'étais étourdie – et même légèrement enivrée – par l'excitation. Je n'avais jamais vraiment cru pouvoir me rendre à Londres, et pourtant j'avais réussi.

Une fois arrivée devant l'hôtesse qui disait au revoir aux passagers, je lui ai dit que j'étais miss Hanff. Elle a alors désigné du doigt le bas de la rampe de débarquement :

« Ce monsieur vous attend. »

Et il était bien là, immense et imposant colonel Blimp[1], arborant un sourire rayonnant, les bras étendus, prêt à accueillir mes pieds délicats sur le sol britannique. En descendant l'escalier à sa rencontre, j'ai pensé en moi-même :

« Jean a raison. Tiens un journal. »

---

1. Héros d'un film (1943) de Michael Powell et Emeric Pressburger.

Jeudi 17 juin, minuit.

Par l'intermédiaire du poste intégré dans le dosseret du lit de ma chambre, la BBC me souhaite bonne nuit. Ici la radio cesse d'émettre à partir de minuit.

Arrivée triomphale.

« Chère Helene ! » s'est exclamé le Colonel en se penchant pour m'embrasser sur la joue.

Personne n'aurait pu croire qu'il me voyait pour la première fois. C'est un géant au sourire radieux avec des sourcils gris en broussaille, des favoris blancs tout aussi broussailleux et un estomac énorme qui le précède lorsqu'il marche. Droit comme un I, il est parti à grandes enjambées récupérer ma valise. Un sahib sorti des pages d'un roman de Rudyard Kipling. À son retour, suivi d'un porteur chargé de ma valise, il m'a prise par les épaules et nous avons franchi la douane et l'immigration.

« Une amie à moi », a-t-il lancé jovialement à l'homme assis derrière la table.

C'est tout ce que j'ai vu du service des Douanes et de l'Immigration.

« Que fait-on maintenant ? Êtes-vous attendue ? »

Je lui ai répondu que Nora et Sheila Doel devaient se trouver quelque part.

« À quoi ressemblent-elles ? a-t-il alors demandé, scrutant la foule amassée derrière un cordon de sécurité.

– Je n'en ai pas la moindre idée.

– Avez-vous une photo d'elles ?

– Non.

– Savent-elles au moins ce que vous portez ?

– Non.

– Mais enfin, chère amie, comment comptez-vous les retrouver ? Ne bougez pas. »

Il m'a installée devant le guichet Information et s'est éloigné à grands pas. Quelques minutes plus tard, une voix dans un haut-parleur demandait à Mrs. Doel de se rendre au guichet Information, et c'est alors qu'une petite brune ravissante a plongé sous le cordon de sécurité, juste en face de moi. Elle m'a embrassée après m'avoir fourré un bouquet de roses dans les bras.

« Sheila vous avait reconnue ! s'est exclamée Nora avec un magnifique accent irlandais. Nous avons détaillé toutes les femmes du vol. "Celle-ci est trop blonde, celle-là est trop commune." Sheila ne cessait de répéter : “C’est la petite avec le tailleur-pantalon bleu marine ; elle a l’air si excitée.” »

Je leur ai présenté le Colonel – qui bouillait dans son coin –, et nous nous sommes dirigés vers la voiture de Nora. Elle a pris place à l’avant avec Sheila et je me suis installée seule à l’arrière, le Colonel préférant nous suivre dans sa voiture.

« À moins que Sheila ne veuille me suivre ? Savez-vous comment aller à l’hôtel Cumberland ?

– Au Kenilworth », ai-je rectifié.

En apprenant que j’avais réservé dans deux hôtels différents, le Colonel m’a dévisagée, l’air horrifié.

« Eh bien dans ce cas, a-t-il hurlé, un parfait inconnu profite en ce moment d’une chambre pleine de roses merveilleuses au Cumberland ! »

Il est parti sur-le-champ réclamer ses fleurs, tandis que nous prenions la direction du Kenilworth. Les roses de Nora dans les bras, j’ai essayé de me souvenir qui avait écrit : « Des roses, des roses, tout le long du chemin [1]. »

Il faisait nuit noire et il pleuvait tandis que nous roulions sur l’autoroute, qui aurait pu être n’importe quelle autoroute conduisant vers n’importe quelle grande ville et non la voie menant à la seule ville que j’avais attendu toute une vie pour visiter. Nora m’a reproché de ne pas séjourner chez elle avec Sheila, dans le nord de Londres (« Frank ne l’avait jamais envisagé autrement ! »).

---

1. *« It was roses, roses, all the way. »* Vers de Robert Browning.

Une fois dans Londres, les deux femmes m'ont désigné sites et monuments :

« Voici Piccadilly !

– Nous sommes dans le West End[1].

– Voici Regent Street. »

Et soudain, Sheila m'a dit :

« Helene, vous êtes dans Charing Cross Road ! »

J'ai scruté l'obscurité, cherchant le mot approprié, mais je n'ai vu que des rues étroites et humides et quelques rares vitrines éclairées. J'aurais aussi bien pu rouler dans le centre de Cleveland.

« Je suis à Londres, j'y suis enfin ! J'ai réussi ! »

Mais ma voix sonnait faux.

Nous sommes arrivées dans Bloomsbury et avons trouvé le Kenilworth, à l'angle d'une rue sombre. Une vieille bâtisse de pierres brunes, une entrée malmenée par les ans mais s'efforçant de sauver les apparences. Tout à fait pour moi.

J'ai inscrit mon nom dans le registre et le jeune réceptionniste m'a tendu mon courrier, puis je suis montée inspecter la chambre 352 en compagnie de Nora et de Sheila. Tout à fait agréable et joyeuse, les rideaux tirés nous protégeant de la pluie. Depuis l'entrée, Nora l'a contemplée attentivement avant de faire connaître son verdict :

« Helen, c'est magnifique.

– Je m'appelle Helene », ai-je protesté[2].

1. Quartier regroupant les plus grands théâtres.
2. Certaines différences de prononciation entre l'anglais britan-

Elle a eu l'air surprise mais pas impressionnée.

« Cela fait vingt ans que je vous appelle "Helen", a-t-elle répondu en détaillant la salle de bains du regard. Il y a une cabine de douche mais pas de baignoire. Regarde, Sheila, elle dispose de ses propres toilettes ! »

Une fois redescendues, nous avons découvert le Colonel en train de fulminer dans le hall endormi : il avait trouvé ses roses à demi mortes, gisant sur le sol de la consigne du Cumberland, et s'était querellé avec la direction.

Nous avons gagné la salle à manger, déserte mais toujours ouverte, et le Colonel a repéré un jeune serveur espagnol qui s'est présenté sous le nom d'Alvaro et nous a proposé des sandwiches accompagnés de thé ou de café.

« Helen, vous fumez trop, a déclaré Nora, une fois la commande passée.

– Je le sais bien.

– Et vous êtes beaucoup trop mince, a-t-elle poursuivi. Quel drôle de type, ce chirurgien ! Comment a-t-il pu vous autoriser à voyager sitôt après une telle opération ? Une hystérectomie, ce n'est pas rien.

---

nique et l'anglais américain sont incompréhensibles pour le lecteur français, d'autant qu'elles signalent également une appartenance sociale. Ainsi l'accent de Nora Doel indique clairement qu'elle vient d'un quartier populaire de Londres (*« It's gawjus »* pour *« It's gorgeous »*). Il en va de même de certaines nuances de vocabulaire que nous nous sommes permis de supprimer.

– Tu as raison, maman », a approuvé doucement Sheila avec son accent d'universitaire.

Elle a échangé un regard avec Nora et cette dernière s'est mise à rire bêtement. J'ai été frappée par leur connivence ; elles semblaient communiquer par code et finissaient mutuellement leurs phrases. Personne n'aurait pu deviner que Nora n'était que sa belle-mère. Sheila est une jeune fille séduisante d'une vingtaine d'années, laconique et sereine – « le portrait de Frank », selon Nora.

Cette dernière a été très frappée par le fait que tout comme elle le Colonel était veuf depuis deux ans. Il n'a qu'un seul enfant, une fille qui se marie samedi à la campagne.

« Pourquoi ne viendriez-vous pas toutes les trois, vêtues de vos plus belles robes ? Cela va être un mariage superbe. »

Son invitation venait du fond du cœur.

J'ai refusé courtoisement son offre, et il semblait évident que Nora jugeait impossible de s'y rendre seule, sans moi, alors elle a décliné à son tour, d'un air triste. (« Helen, je ne le connais pas », devait-elle me confier plus tard, alors que nous étions seules. « Qui le connaît ? » ai-je répondu !)

Elles sont parties à 23 heures. Nora a précisé qu'elle m'accordait la journée du lendemain pour me reposer et qu'elle me téléphonerait samedi au sujet de l'interview. (« Nous allons être interviewées ensemble par la BBC ! Nous sommes tous célèbres grâce à vous ! »)

Le Colonel m'a annoncé qu'il serait absent pendant une semaine et qu'il me rappellerait dès son retour afin de « mettre au point une petite visite de notre merveilleuse campagne ».

J'ai regagné ma chambre, et après avoir sorti quelques affaires de ma valise j'ai grimpé dans mon lit où j'ai pris connaissance de mon courrier.

Une carte postale d'Eddy et d'Isabelle, de vieux amis américains. Ils seront à Londres lundi et viendront me chercher pour faire un peu de tourisme. J'avais également un mot de Carmen, des éditions Deutsch :

> Bienvenue !
>
> Je sais que vous allez être fatiguée mais vous avez rendez-vous avec une journaliste de l'*Evening Standard* demain matin à 10 heures. On vous préviendra quelques minutes avant.
>
> La BBC souhaite vous interviewer en compagnie de Mrs. Doel samedi à 14 h 30 dans le cadre de l'émission *Le Monde ce week-end.*
>
> Lundi à 15 h 30, interview pour *L'Heure de la femme*, dans les mêmes studios d'enregistrement.
>
> Mardi, visite de diverses librairies. Bien que fermée, Marks & Co. tient toujours debout et nous souhaitons vous photographier devant la façade. À 14 h 30, signature à la librairie voisine, Poole's, 86, Charing Cross Road.
>
> Mardi soir, André Deutsch donnera un dîner en votre honneur. Vous y rencontrerez le personnel de la maison d'édition mais aussi un journaliste très important.

Inquiète à l'idée d'oublier l'un de ces rendez-vous, je me suis levée et j'ai transformé un agenda de poche en calendrier, jour après jour. J'étais également mal à l'aise à la perspective d'annoncer à Carmen mon refus d'être prise en photo. Je suis névrosée, mon visage me déplaît.

Je suis restée allongée à écouter la pluie, et rien n'était vraiment réel. J'étais dans une chambre d'hôtel charmante mais sans aucune identité géographique. Après toutes ces années d'attente, je n'avais nullement l'impression d'être à Londres. J'étais déçue et mon organisme me criait que tout ce voyage avait été bien inutile.

Vendredi 18 juin.

Le réveil a sonné à 8 heures et je suis allée voir à la fenêtre s'il pleuvait toujours. J'ai tiré les rideaux, et aussi longtemps que je vivrai je n'oublierai jamais cet instant. De l'autre côté de la rue, une élégante succession de maisons de brique ornées d'un fronton blanc me faisait face. Du plus pur style XVIIIe – ou XIXe –, et rien qu'à les voir je savais que j'étais à Londres. Mon cœur s'est empli de joie. Je mourais d'envie de me précipiter dans cette rue. J'ai saisi quelques vêtements au vol, je me suis ruée dans la salle de bains où j'ai livré une bataille perdue d'avance avec la douche la plus diabolique qui ait jamais existé.

La cabine de douche mesure environ un mètre vingt de diamètre et elle n'est dotée que d'un seul robinet – impossible à régler – dans le renfoncement du mur. Vous tournez le robinet et l'eau est froide. Vous laissez couler, et lorsque l'eau est enfin chaude la pression est maximale. Alors vous grimpez, vous vous accroupissez contre le mur et vous périssez noyée. J'ai eu le malheur de laisser tomber mon savon et en quelques secondes il ne restait plus rien de ma coiffure à quinze dollars, le torrent ayant arraché mon bonnet de bain. Après avoir fermé le robinet, je suis sortie, soulagée, pour me retrouver dans un mètre d'eau. J'ai perdu un quart d'heure à éponger le sol avec le tapis de bain et deux serviettes de toilette, éponger, essorer, éponger-essorer, éponger-essorer. Dieu merci j'avais fermé la porte, car dans le cas contraire ma valise aurait été emportée par les flots.

Après le petit déjeuner, je suis sortie sous la pluie afin d'aller voir ces maisons de plus près. L'hôtel est situé à l'angle des rues Great Russell et Bloomsbury. Sa façade donne sur Great Russell, une artère commerciale ; les maisons que j'avais vues de ma fenêtre donnent sur Bloomsbury.

J'ai descendu lentement la rue, détaillant chaque maison de l'autre côté du trottoir. Arrivée à l'angle, j'ai découvert un petit jardin sombre, Bedford Square, ceinturé par trois nouvelles rangées d'élégantes maisons de brique – bien plus belles encore, et mieux entretenues. Je me suis assise sur un banc et j'ai contemplé les façades. Je tremblais de la tête aux pieds. Jamais de ma vie je n'avais été aussi heureuse.

J'ai toujours voulu découvrir Londres. J'avais même pris l'habitude d'aller au cinéma voir des films anglais dans le seul but d'admirer des rues avec de telles maisons. Dévorant l'écran dans l'obscurité, je désirais tant les parcourir que j'étais comme tenaillée par la faim. Parfois le soir, chez moi, alors que j'étais tombée par hasard sur une description de Londres par Hazlitt[1] ou Leigh Hunt[2], je reposais soudain le livre, submergée par un désir ardent comparable au mal du pays. Je désirais voir Londres de la même manière qu'une personne âgée désire revoir son pays avant de mourir. Je me disais toujours qu'il s'agissait d'un sentiment bien naturel chez un écrivain-bibliophile dont la langue maternelle était celle de Shakespeare. Toutefois, pendant que j'étais assise sur un banc de Bedford Square, ce n'est pas à Shakespeare que je songeais mais à Mary Bailey.

J'ai des origines très diverses, et certains de mes ancêtres étaient des quakers anglais du nom de Bailey. L'une des filles de cette famille, Mary, née à Philadelphie en 1807, est la seule qui m'ait jamais intéressée lorsque j'étais petite fille. Nous possédions l'une de ses broderies et je ne cessais de la

---

1. William Hazlitt (1778-1830). Auteur d'essais sur la littérature anglaise et d'une *Vie de Napoléon*.

2. James Leigh Hunt (1784-1859). Poète, journaliste et essayiste, auteur d'un *Lord Byron et quelques-uns de ses contemporains*.

contempler, espérant qu'elle me livrerait les secrets de sa personnalité. Je n'aurais pu expliquer pourquoi je désirais tant la connaître.

Assise dans Bedford Square, je me suis rappelé que Mary Bailey, morte en Virginie, ne s'était jamais rendue à Londres. Mais son nom me hantait. Peut-être parce que nous étions de la même famille. Peut-être parce que sa grand-mère ou son arrière-grand-mère avait souhaité rentrer au pays. Quoi qu'il en soit, je savais qu'une Mary Bailey décédée depuis longtemps avait finalement trouvé une descendante pour effectuer ce voyage à sa place.

Je suis revenue à l'hôtel et me suis préparée avec le plus grand soin afin de faire bonne impression sur le personnel des éditions Deutsch. J'ai brossé mon ensemble marine (à New York personne ne me croirait capable d'un tel geste) et j'ai consacré une demi-heure à nouer artistiquement mon nouveau foulard – bleu, blanc, rouge –, un nœud Ascot afin de me donner un air anglais. Puis je suis descendue dans l'entrée et me suis assise, droite comme un piquet, sur une chaise à côté de la porte, n'osant pas bouger de peur de me décoiffer, jusqu'à l'arrivée d'une jeune secrétaire qui m'a conduite aux éditions Deutsch, trois portes plus haut dans Great Russel Street.

Après avoir fait la connaissance de Carmen – très vive, efficace, le geste théâtral –, j'ai donné une interview à Valerie Jenkins, une jeune journaliste dynamique de l'*Evening Standard.*

Puis nous nous sommes entassées toutes les trois dans un taxi – un photographe s'est joint à nous –, et c'est alors que Carmen a lancé au chauffeur :

« 84, Charing Cross Road. »

En entendant l'adresse, j'ai eu l'impression de rêver. Pendant vingt ans, j'avais acheté des livres au 84, Charing Cross Road. Je m'y étais fait des amis que je n'avais jamais rencontrés. La plupart des volumes envoyés par Marks & Co. étaient probablement disponibles à New York. Des années durant, des proches m'avaient conseillé d'« essayer O'Malley's » ou d'« essayer Dauber & Pine ». Je n'ai jamais suivi leurs recommandations. Je voulais un lien avec Londres, et j'ai su le créer.

Charing Cross Road, où s'alignent des librairies d'occasion, est une rue étroite et populaire étouffée par la circulation. À l'entrée de chaque boutique de bouquiniste, des éventaires proposent des piles de livres anciens et de vieux magazines. Ici et là une âme paisible feuillette un volume sous une pluie brumeuse.

Nous sommes arrivés au 84. Des exemplaires de mon livre garnissaient la vitrine à l'abandon – une initiative des éditions Deutsch. En arrière-plan, le magasin était sombre et déserté. Je suis montée à l'étage, autre succession de pièces vides et hantées. Les lettres du Marks & Co. qui ornaient la vitrine avaient été arrachées par le vent, quelques-unes gisaient sur le rebord de la fenêtre, leur peinture blanche écaillée.

Je suis redescendue en pensant à l'homme – aujourd'hui décédé – qui avait été mon correspondant pendant tant d'années. À mi-chemin, j'ai posé ma main sur la rampe de chêne et me suis adressée à lui en silence :

« Qu'est-ce que tu en penses, Frankie ? J'ai enfin réussi. »

Nous sommes ressortis et j'ai été photographiée, aussi simplement que si je l'avais fait toute ma vie. Cela prouve combien je désirais faire bonne impression et ne chagriner personne.

Une fois de retour à l'hôtel, une lettre m'attendait à la réception. Elle était signée de Pat Buckley, l'ancien élève d'Eton à qui Jean Ely avait écrit à mon propos.

Aucune salutation, juste :

> Jean Ely m'a dit qu'il s'agissait de votre première visite. Voulez-vous dîner avec moi dimanche à partir de 19 h 30 ? Puis je vous propose une petite visite du vieux Londres.
>
> Téléphonez-moi samedi ou dimanche matin avant 9 h 30.
>
> À très vite.
>
> PB.

Samedi 19 juin.

J'ai le moral à zéro.

Après avoir pris mon petit déjeuner, j'ai téléphoné à Pat Buckley.

« Oh oui ! a-t-il répondu avec un accent très aristocratique[1]. Bonjour ! »

Je lui ai dit que j'étais ravie à l'idée de dîner en sa compagnie le lendemain, non sans lui demander si d'autres convives seraient présents.

« Je ne donne pas un dîner en votre honneur, s'est-il écrié d'une voix impatiente. Jean m'a écrit que vous souhaitiez visiter Londres ! »

J'ai bégayé que je serais ravie d'être en tête à tête avec lui et que je désirais seulement savoir comment m'habiller ; puisque nous étions tous les deux, je pouvais donc porter un pantalon.

« Oh ! Seigneur, le faut-il vraiment ? Je déteste les femmes en pantalon. J'imagine que c'est très démodé de ma part mais je pense que cela vous donne à toutes un air épouvantable. Enfin, si vous y tenez absolument ! »

Il ne fait que 15 degrés à l'extérieur et il pleut, alors je ne vais pas faire les frais d'une robe d'été pour lui.

Nora vient de m'appeler à l'instant, elle me prendra pour l'interview cet après-midi à 14 heures.

« Helen, votre hôtel tourne le dos au British Museum. Vous devriez aller vous asseoir dans la salle de lecture : c'est un endroit très paisible. »

---

1. *« A very U accent. »* Helene Hanff fait ici allusion à un célèbre article de Nancy Mitford, publié dans *Encounter* en septembre 1955. Intitulé « L'aristocratie anglaise », il divisait l'humanité en U (*« Upper Class »*) et non-U (*« non-Upper Class »*) – les aristocrates et les autres. Il fit scandale des deux côtés de l'Atlantique car l'humour de Nancy Mitford n'était pas du goût de tout le monde.

J'ai visité bien assez de musées à New York, et Dieu seul sait combien de fois je me suis assise dans des salles de lecture.

Je vais maintenant affronter la pluie et visiter Bloomsbury.

Minuit.

Nora et moi avons été interviewées dans les studios de la BBC. C'est le seul bâtiment moderne de cette taille que j'aie vu jusqu'à présent et j'espère bien ne pas en voir d'autre ; c'est une monstruosité, un énorme bloc de granit semi-circulaire, il semble obèse. Ici, ils n'ont aucune idée de ce que doit être un gratte-ciel. À New York, ils ne comprennent rien d'autre.

La journaliste a été bien choisie. Tout d'abord, elle a raconté à ses auditeurs que nous avions correspondu pendant vingt ans sans jamais nous rencontrer. Puis elle s'est adressée à nous et nous a demandé ce que nous pensions l'une de l'autre : maintenant que nous avions fait connaissance, étions-nous déçues ? Si nous n'avions jamais correspondu et venions juste de nous rencontrer, nous apprécierions-nous ?

« Quelle question bizarre, a dit Nora une fois dehors. Vous apprécierais-je si nous venions juste d'être présentées l'une à l'autre ? Comment le saurais-je ? Helen, je vous connais depuis vingt ans ! »

La voiture a quitté Portland Place et nous nous

sommes dirigées vers Regent's Park, que j'ai aimé à la folie au premier regard. Nous avons traversé Wimpole Street et Harley Street, et soudain, assise dans cette voiture, je me suis sentie comme prisonnière de cette boîte de métal, sans pouvoir en sortir tant il pleuvait. Je reviendrai à pied dès que le temps le permettra.

J'ai découvert une rue en arc de cercle regroupant des maisons construites par Nash [1]. Je ne sais pas trop quand il a vécu, mais on doit à Nash de vastes et opulentes demeures blanches qui évoquent le beau Brummell [2] et Lady Teazle [3], et lorsque la pluie s'est enfin arrêtée un moment nous sommes sorties de la voiture et nous nous sommes assises sur un banc pour que je puisse détailler les façades. Nous avons choisi les maisons que nous achèterions si nous étions riches dans une prochaine vie.

Nora m'a raconté qu'elle était arrivée à Londres avant la guerre – jeune servante pauvre tout droit venue d'Irlande. Elle a travaillé pour une famille de la petite noblesse comme fille de cuisine, découpant des tranches de pain fines comme du papier à cigarettes pour confectionner les sandwiches au concombre.

---

1. John Nash (1752-1835). Architecte à qui l'on doit le Royal Pavillon de Brighton, le premier plan d'aménagement monumental de Londres ainsi que les actuels Buckingham Palace et Windsor Castle.

2. George Bryan Brummell (1778-1840). Célèbre dandy.

3. Personnage d'une pièce de Richard Brinsley Sheridan (1751-1816), *L'École de la médisance.*

Puis nous sommes allées chez elle à Highgate, où j'étais invitée à dîner. Elle y a acheté une maison avec Sheila après le décès de Frank et le mariage de sa plus jeune fille. En chemin nous sommes passées par Hampstead Heath, et Nora a arrêté la voiture devant le cimetière où Karl Marx est enterré. Les grilles étaient fermées mais j'ai pu jeter un coup d'œil par-dessus le mur, en direction de sa tombe.

Leur maison domine les collines du nord de Londres. Elle est située dans une rue de banlieue coquette, embrasée de roses, chaque maison possédant une roseraie en pleine floraison. Ici leurs couleurs rappellent les tonalités violentes d'un automne de Nouvelle-Angleterre : rouge, rose ou jaune, mais aussi lavande, bleu, pourpre et orange. Chaque nuance possède un parfum distinct. J'ai failli perdre la tête en humant l'air du soir dans le jardin de Nora.

Au dessert, nous avons eu des fraises et de la crème anglaise, épaisse à souhait, et lorsque Nora est arrivée au dernier fruit elle a levé les yeux vers Sheila, s'adressant à elle d'une voix accablée :

« C'est toujours la même chose : "Jamais !" »

Elle mange ses fraises en récitant mentalement une vieille comptine, pour savoir si elle se remariera un jour :

« Cette année, l'année prochaine, peut-être un jour, jamais… »

Sheila doit la réconforter dès qu'elle tombe sur « Jamais ». En fait elle est bien plus la mère de Nora que sa belle-fille.

Nora a cueilli pour moi une brassée de roses puis Sheila m'a reconduite à l'hôtel. Elle enseigne dans une école de banlieue. En ce moment elle a deux soupirants ; j'ai l'impression que tous deux l'ennuient, elle n'a pas encore rencontré l'homme qu'elle souhaiterait épouser.

J'ai fait sensation en pénétrant dans le hall de l'hôtel grâce à l'interview de l'*Evening Standard* ; l'un des réceptionnistes m'en avait gardé un exemplaire.

Extrait :

> Elle est arrivée à Londres, incroyablement chic, vêtue d'un élégant tailleur-pantalon bleu marine de chez Saks et portant un foulard noué à la française.

Dire que je m'étais donné tant de mal pour réussir un nœud Ascot… et le voilà noué à la française ! L'histoire de ma vie.

Vous ne pouvez imaginer combien je suis amusée chaque fois qu'on évoque mon élégance. J'ai porté le même genre de vêtements toute ma vie, et des années durant on m'a fait comprendre que j'avais tout d'une bohémienne. Ma belle-sœur Alice, par exemple, se creusait toujours la cervelle chaque année à Noël pour me trouver un sac à bandoulière, car j'ai toujours détesté les sacs à main. Or je semble être la seule à aimer ce genre de sacs, trop peu rentables pour être vendus dans le commerce. (Un sac à main vous oblige à choisir entre votre portefeuille, vos lunettes et vos cigarettes. Sélectionnez seulement deux de ces articles et vous n'êtes plus certaine de pouvoir le fermer.) De même, je n'ai jamais porté d'escarpins parce que j'aime marcher, or c'est impossible si vos pieds vous font souffrir. Enfin, je porte des jeans et des pantalons du matin au soir car en hiver les jupes sont sujettes aux courants d'air, sans oublier qu'elles vous freinent lorsque vous vous déplacez. En outre, personne ne remarquera que l'un de vos bas a filé si vous portez un pantalon.

Ce qui fait que pendant des années j'ai été cette petite horreur qui courait de tous côtés en talons plats, pantalon et sac à bandoulière. Aujourd'hui je n'ai toujours rien changé à mes habitudes, mais après une vie entière de disgrâce mon style est salué dans les pages de l'*Evening Standard.*

Dimanche 20 juin.

Après le petit déjeuner, mon plan sous le bras, je suis partie me promener dans Bloomsbury. Je me suis perdue plusieurs fois ; une rue peut vous apparaître à gauche sur le plan sans pour autant être à gauche dans la réalité. Divers messieurs ont surgi de dessous leur parapluie pour m'indiquer le trajet à suivre.

En début d'après-midi le ciel s'est dégagé, et je me trouve maintenant dans un jardin des environs, allongée sur une chaise longue, les poumons saturés de brouillard. Trois jardins de la taille d'un mouchoir de poche sont à ma disposition, à deux pas seulement de l'hôtel. Celui-ci est juste en face du British Museum. On peut lire sur la grille d'entrée :

RUSSELL SQUARE
Prière de ne laisser aucun détritus !
Il est demandé aux propriétaires de chiens
de leur imposer une attitude convenable.

Au beau milieu du square, une roseraie encercle un bain pour oiseaux très astucieusement imaginé : une plaque de marbre dotée d'un mince jet d'eau en son centre. Le volatile peut se poser sans difficulté, se désaltérer ou laver ses plumes sans risque de se noyer. Comme j'aimerais que celui ou celle qui l'a conçu puisse se pencher sur le problème des douches anglaises !

Un homme d'un certain âge vêtu d'un uniforme s'est approché de moi, m'a saluée d'un signe de tête avant de me demander :

« Quatre pence, s'il vous plaît. »

Pour l'utilisation de la chaise longue.

Il s'est excusé pour le mauvais temps – nous sommes d'ailleurs seuls tous les deux. Je lui ai répondu que la pluie était excellente pour les roses, et il m'a appris que tous les jardiniers des squares londoniens concouraient chaque année pour le prix de la plus belle rose.

« Je crois vraiment que le nôtre a ses chances cette année. »

Je lui ai dit que je ne manquerais pas d'encourager leur candidat en pensée.

Il faut que je rentre mettre mon tailleur bleu marine pour faire honneur à Pat Buckley. À moins que la mesquinerie ne l'emporte : le temps est si mauvais que je pourrais parfaitement ne pas me changer.

Minuit.

Cela fait bien une heure que je suis assise sur le bord de mon lit, encore tout hébétée. Je lui ai dit que si je mourais dans la nuit je mourrais heureuse : j'ai enfin pu voir tout ce qui comptait pour moi.

Pat Buckley vit à Rutland Gate, dans le bas de Knightsbridge et de Kensington, à l'extrême gauche de mon plan. J'ai pris un taxi. Il s'agit d'un petit ensemble de maisons de pierres blanches construites autour d'un square verdoyant. À Londres, tout est construit autour d'un square verdoyant, je découvre partout de minuscules oasis.

Il vit au rez-de-chaussée. J'ai sonné, il m'a ouvert et m'a dit :

« Bonsoir, vous m'avez trouvé sans difficulté. »

Il est petit – mince, le visage émacié, d'âge indéterminé – et possède l'une de ces voix anglaises, légère et crispée, agréable mais neutre. Après m'avoir débarrassée, il m'a conduite dans un salon digne d'Oscar Wilde. Un portrait en pied de sa mère, vêtue de la robe qu'elle portait lors de sa présentation à la cour, trône sur l'un des murs. Ailleurs, une vitrine abrite sa collection d'étuis à cartes de visite – en or, en argent, en onyx incrusté de nacre, en ivoire filigrané d'or. Chaque pièce est unique. Un somptueux violon d'Ingres.

Il m'a servi un verre de sherry, et lorsque je lui ai avoué combien Eton me fascinait il m'a montré un album contenant les photos des différentes chambres qu'il y a occupées.

Nous avons dîné dans la salle à manger – table d'acajou étincelante et argenterie anglaise traditionnelle. Sa femme de ménage laisse toujours un souper froid pour lui et ses convives. Elle prépare le café et dresse le couvert avant de s'en aller. Fourchette à gauche, couteau et cuillère à droite, comme à la maison. En revanche, on a placé à l'horizontale, au-dessus de l'assiette, une fourchette à huîtres et une cuillère à soupe. Je l'ai laissé commencer afin de comprendre leur usage.

À la salade de poulet ont succédé des fraises à la crème, et j'ai alors saisi : vous attrapez le fruit avec la fourchette à huîtres, puis vous remplissez votre cuillère à soupe de crème et vous y déposez la fraise avant de l'avaler.

Lorsque nous sommes montés en voiture, il n'a pas demandé où je souhaitais aller, il s'est rendu directement sur les lieux où se dressait jadis le théâtre du Globe [1]. Il n'en reste rien aujourdhui, le vide absolu. Je lui ai demandé de s'arrêter et je suis sortie me recueillir. J'ai cru que j'allais perdre la tête.

Il m'a rejointe, et nous avons rôdé dans les ruelles

---

1. Théâtre où se produisait la compagnie de William Shakespeare.

sombres avoisinantes, inchangées depuis l'époque de Shakespeare. Dickens fut également au rendez-vous : Pat m'a montré du doigt le fantôme du Finaud[1] nous observant furtivement, derrière la fenêtre d'une maison antédiluvienne.

Puis il m'a fait découvrir un pub appelé The George, et alors qu'il ouvrait la porte pour me laisser passer il a murmuré de sa voix légère et neutre :

« Shakespeare était un habitué. »

J'ai réalisé que je venais de franchir une porte que Shakespeare en personne avait lui-même franchie il y a bien longtemps, et que je me trouvais dans un pub où il venait souvent. Nous nous sommes assis à une table placée contre le mur du fond, et j'ai appuyé ma tête contre un mur que la tête de Shakespeare avait touché. Ma joie était indicible.

L'endroit était bondé. Des gens se tenaient au bar et toutes les tables étaient occupées. Je fus soudain agacée de voir ces citoyens obtus manger et boire sans visiblement être conscients du lieu où ils se trouvaient.

« Sans eux, j'aurais l'impression que Shakespeare pourrait entrer à l'instant même. »

J'ai compris aussitôt combien j'avais eu tort. Pat m'a reprise avant même que j'aie pu ouvrir la bouche :

« Oh non ! L'humanité n'a guère changé. »

Bien entendu, il avait vu juste. En y regardant de

1. Personnage du roman *Oliver Twist.*

plus près, j'ai soudain découvert un Justice Shallow – blond et barbu – en pleine conversation avec le barman. Plus loin, Bottom le Tisserand racontait ses problèmes insolubles à un Bardolphe au visage en lame de couteau. Et à une table voisine de la nôtre, vêtue d'une robe à fleurs et coiffée d'un chapeau blanc et ventru, Mistress Quickly riait à en perdre haleine [1]. Pat a dû employer la force pour me faire sortir.

Puis nous sommes passés en voiture devant Saint Paul, illuminée par des projecteurs. J'aurais au moins voulu gravir les marches et toucher les portes de la cathédrale dont John Donne [2] fut le doyen, mais elle sera toujours là demain, j'ai le temps, rien ne presse.

Enfin, il m'a conduite à la Tour de Londres, plus gigantesque et terrifiante encore que je ne l'imaginais, une version médiévale et tentaculaire d'Alcatraz. Nous sommes arrivés à 22 heures précises et j'ai donc pu assister à la cérémonie des clés. En dépit de leur uniforme noir et vermillon pour le moins voyant, les hallebardiers affichaient un air lugubre et effrayant tandis qu'ils verrouillaient les grilles de cette prison de sinistre réputation, laissant place à l'obscurité absolue. J'ai pensé à la jeune Élisabeth, assise quelque part derrière ces murailles de pierre,

---

1. Personnages de trois pièces de Shakespeare : *Henri IV, Le Songe d'une nuit d'été* et *Les Joyeuses Commères de Windsor*.

2. John Donne (1573-1631). Ecclésiastique, philosophe et poète, auteur du *Pseudo-Martyr*.

en train d'écrire à Marie la Sanglante[1] afin d'être décapitée avec un sabre et non pas avec une hache.

Une fois les grilles closes, les hallebardiers ont disparu en direction de l'imposante porte de fer de la Tour. Elle s'est ouverte pour les laisser passer, a grincé et s'est refermée derrière eux avec un bruit retentissant. Soudain, j'ai entendu une petite voix me dire :

« Depuis sept cents ans ce rituel s'est déroulé chaque soir sans la moindre exception. »

Cela confond l'imagination. Revenons seulement trois cents ans en arrière, et retrouvons Londres au moment du grand incendie, de la grande peste, de la révolution menée par Cromwell, des guerres napoléoniennes, de la Première Guerre mondiale, de la Deuxième Guerre mondiale…

« Verrouillaient-ils les grilles avec tant de solennité même pendant le Blitz ? ai-je demandé à Pat.

– Oh ! Absolument. »

Il faudrait l'écrire sur la pierre tombale d'Hitler, le dire aussi à ce grand patriote américain, Wernher von Braun[2], dont les V2 ont détruit un quart de Londres.

---

1. Marie Ire Tudor (1516-1558). Fille de Henri VIII, elle devint reine en 1553 et fut surnommée Marie la Sanglante après avoir fait exécuter plusieurs centaines de protestants.

2. Wernher von Braun (1912-1977). Ingénieur allemand naturalisé américain. Il mit au point le V2 en 1944.

Pat m'a reconduite à l'hôtel, et lorsque je l'ai remercié il s'est exclamé :

« C'est moi qui vous remercie ! La plupart des Américains auraient refusé cette promenade. En général, nous roulons pendant un quart d'heure et ils me demandent alors l'adresse du bar du Dorchester. »

Il m'a dit que la plupart d'entre d'eux – du moins ceux qu'il connaît – ignorent tout de Londres.

« Ils prennent un taxi pour aller du Hilton à Harrods, d'Harrods au théâtre, du théâtre au bar du Dorchester. »

Il connaît quatre hommes d'affaires américains qui ont passé une semaine à Londres sans jamais quitter le Hilton.

« Ils s'enferment du matin au soir dans leur chambre avec un téléphone et une bouteille de scotch, et l'on se demande vraiment pourquoi ils ont quitté les États-Unis. »

Il m'a donné une liste de tous les sites à visiter impérativement mais n'a pas proposé de me les faire découvrir lui-même.

Lundi 21 juin.

Ce matin, Eddie et Isabel sont venus me prendre à l'hôtel et nous sommes partis faire un peu de tourisme ; elle est une vieille amie d'école, ils vivent au Texas. À ma connaissance, personne n'est plus conventionnel ni conservateur qu'eux.

Il faisait soleil, et leur apparition m'a enchantée : Isabel portait une salopette de coton et un chemisier imprimé, Eddie une chemise de sport et un pantalon ordinaire. Pour la première fois, ils n'avaient pas l'air d'un couple très comme il faut, eux toujours si convenables. Je devais donner une interview dans les studios de la BBC à 15 heures, or comme je n'étais pas certaine de pouvoir revenir me changer je portais mon tailleur-pantalon de lin beige dégriffé, et à côté d'eux j'avais l'air trop élégante.

Ils sont déjà venus à Londres et connaissent les principaux monuments, alors nous avons décidé de flâner d'une boutique à l'autre toute la matinée. Ils adorent faire du lèche-vitrine et acheter des bibelots et de belles gravures. Tel fut notre programme. À l'heure du déjeuner, je me suis figée sur place en apercevant, au hasard d'une rue, le Claridge.

Tous les personnages des pièces de Noël Coward [1] ne déjeunaient nulle part ailleurs. Des années durant, j'ai été fascinée par l'idée de ce Londres en vogue s'engouffrant avec panache dans les salons du Claridge.

Eddie m'a demandé ce que je regardais ainsi d'un air hébété, et je le lui ai expliqué.

« Parfait, a-t-il immédiatement répondu. Nous allons déjeuner au Claridge. »

---

1. Noël Coward (1899-1973). Réputé pour le ton léger et ironique de ses pièces (*La Marquise*, *Post mortem*...), il fut très souvent comparé en France à Sacha Guitry.

Un geste spontané, généreux, très représentatif de sa personnalité.

J'attendais qu'Isabelle intervienne. (« Mais Eddie, nous ne sommes pas habillés pour ça ! ») À ma grande surprise, elle n'a pas dit un mot.

« C'est impossible, ai-je protesté. Rentrons d'abord nous changer.

– Ils ne refuseront pas notre argent », a répliqué Eddie d'un ton sec avant de nous prendre chacune par un bras.

Nous sommes entrés au Claridge la tête haute.

Je suis naturellement rustaude. Chez moi, au quotidien, je me contrefiche de mon apparence. Mais nous étions au CLARIDGE. J'ai pris place dans une salle à manger respirant la grâce et l'élégance – nous avions pour voisins de table des Londoniens tirés à quatre épingles –, prise en sandwich entre deux Texans habillés comme pour un pique-nique. Ils rayonnaient d'affection à l'idée de me faire ce cadeau.

Puis ils m'ont accompagnée au studio d'enregistrement, et après une nouvelle séance de lèche-vitrine nous nous sommes retrouvés à 18 heures dans le quartier des théâtres. Quelques personnes faisaient la queue devant le Aldwych, espérant obtenir à la dernière minute des places pour *Le Songe d'une nuit d'été*. Eddie s'est renseigné auprès de l'une d'elles.

« Il y a toujours des annulations, nous a-t-il appris. Si nous faisons la queue maintenant, nous pouvons obtenir des places à 19 heures, dès l'ouverture des guichets. Le rideau se lève à 19 h 30, nous dînerions après. »

Une mise en scène de Peter Brook pour la National Shakespeare Theatre Company : j'aurais donné une semaine de ma vie pour y assister. J'avais bien essayé d'obtenir des places pour Nora, Sheila et moi-même par l'intermédiaire de l'hôtel, sans le moindre succès, les réservations étant complètes jusqu'à la dernière représentation. Et même si je mourais d'envie de voir cette pièce, nous n'aurions pu pénétrer dans ce théâtre avec des vêtements portés pendant toute une journée, et sans même nous être rafraîchi le visage. Pourtant Eddie et Isabel, qui n'auraient jamais envisagé de pouvoir se rendre au théâtre à Houston dans une telle tenue, étaient tout prêts à le faire à Londres.

Quoi qu'il en soit, je n'aurais pas eu physiquement la force de rester debout dans une queue ne fût-ce que dix minutes, sans même parler d'une heure. Après avoir consacré l'essentiel de ma journée à faire les vitrines – en grinçant des dents –, j'étais totalement épuisée. Je leur ai donc annoncé qu'en ce qui me concernait le repos s'imposait. Je devais impérativement m'asseoir quelque part, mes entrailles menaçant de finir sur le trottoir. En vieux amis fidèles, ils ont immédiatement abandonné leur projet. Finalement, nous sommes allés dîner dans un pub voisin.

Ce n'est qu'une fois à l'hôtel que j'ai réalisé que

nous avions adopté deux démarches opposées. À l'étranger, où personne ne les connaît, Eddie et Isabel se sont débarrassés de la plupart de leurs inhibitions mondaines. À l'étranger, où personne ne me connaît, je me suis imposé une panoplie complète d'inhibitions, étrangères à mon quotidien.

Carmen vient de téléphoner à l'instant pour me rappeler que la séance de signatures se déroulait demain. J'enchaînerai avec le dîner donné par les éditions Deutsch. Je lui ai dit que la première chose que j'apercevais le matin en me réveillant était le calendrier posé contre le réveil de voyage. Lorsque je lui ai demandé que faire si personne ne se présentait à la séance de signatures, Carmen m'a vivement conseillé de bavarder avec le responsable de la librairie, il compte parmi mes admirateurs. Après vingt minutes de conversation, prétexter une migraine et lui demander d'appeler un taxi.

Mardi 22 juin.

Nous avons fait la tournée des librairies sous la pluie. *84* est à l'honneur dans les vitrines, et tous les directeurs et leur personnel sont venus me serrer la main, un sourire aux lèvres. Passé la troisième librairie, je suis devenue la grâce et la prestance mêmes, comme si j'étais habituée à une telle déférence.

Nous sommes arrivés chez Poole's à 14 h 30 pour la séance de signatures et – le croirez-vous ? – une longue queue s'était déjà formée, attendant de recueillir mon précieux autographe. En pleine semaine, par un temps pluvieux ! Ils avaient préparé une table à l'entrée, et une fois assise j'ai demandé au premier arrivé de me donner son nom mais aussi quelques renseignements afin que je puisse personnaliser ma dédicace. Je ne pourrai jamais me faire à l'idée de remplir une page avec trois lignes d'une gentillesse interchangeable.

Après avoir laissé tomber lourdement une douzaine de livres sur la table, une Californienne a sorti une liste de noms et m'a dit :

« Le premier est pour mon frère Arnold, actuellement hospitalisé. Pourriez-vous écrire quelque chose de gai ? »

Le deuxième était pour Mrs. Pratt, une voisine qui arrosait les plantes en son absence, le troisième était pour sa belle-fille Pat – pouvais-je écrire : « À Pat, de la part de maman Crawford via… » ? – et ainsi jusqu'à douze. De temps à autre, je jetais un coup d'œil à la queue – pas question de porter mes lunettes, je suis une célébrité – et m'excusais de les faire attendre ; ils se contentaient de me sourire, tout en restant patiemment debout. Les gens sont incroyables !

Alors qu'il ne restait presque plus personne, j'ai demandé automatiquement, sans même lever la tête :

« Quel est votre nom, monsieur ? »

– Pat Buckley », a-t-il répondu d'une voix douce.

J'ai levé les yeux : c'était bien lui, deux livres sous le bras. Je lui ai dit que je tenais absolument à lui en offrir un. J'ai signé les deux exemplaires qu'il pourra offrir à des amis.

Il m'a demandé si j'étais libre samedi afin de « pouvoir organiser une petite sortie ». Je lui ai répondu que pour lui je serai toujours libre, à n'importe quel moment. Il a souri. Nous restons en contact.

Après la séance de signatures, j'ai pris un verre de sherry avec Mr. Porto (véridique). Il m'a remis une lettre laissée par quelqu'un, je l'ai glissée dans mon sac et ne l'ai lue qu'une fois à l'hôtel, après m'être soudain rappelé son existence.

> Chère Miss Hanff,
>
> Bienvenue en Angleterre. Un bienfaiteur de Philadelphie nous a envoyé votre livre et nous l'avons adoré, comme tous nos amis.
>
> Je me demandais si vous accepteriez de vous joindre à nous lundi prochain, le 28 juin, pour assister à une représentation du *Songe d'une nuit d'été*, mis en scène par Peter Brook ? La pièce se joue actuellement à l'Aldwych, théâtre de la National Shakespeare Company à Londres. Nous serons accompagnés de deux amis australiens, fervents admirateurs de votre livre.
>
> Mon mari et moi sommes anglais mais ma mère était américaine.
>
> Nous serions très heureux si vous étiez libre ce soir-là. Voulez-vous me téléphoner ? Nous

déciderons alors de nous retrouver quelque part pour dîner avant.

Sincèrement,

Joyce Grenfell [1].

J'ai eu l'impression que Dieu en personne venait de se pencher du ciel afin de coller une étoile d'or sur mon front.

Je suis assise dans ma chambre, empêtrée dans ma robe de cocktail en soie – j'ai déjà enfilé le manteau. J'attends que l'on vienne me chercher pour le dîner des éditions Deutsch, prête une demi-heure à l'avance, comme toujours. Je n'ose même pas fumer de peur de me couvrir de cendres.

1 heure du matin.

La réception m'a prévenue dès l'arrivée de la voiture et j'ai retrouvé dans le hall Mr. Otto, le directeur du Kenilworth. Il s'est incliné avec cérémonie et m'a dit :

« La voiture de Madame est avancée. »

Je lui ai répondu que pour la première et dernière fois de ma vie j'avais la possibilité de me comporter en célébrité, et que je comptais bien en

1. Joyce Grenfell (1910-1979). Actrice et chanteuse, célèbre pour l'humour des monologues qu'elle écrivait elle-même et interprétait sur scène, à la radio et à la télévision. Les cinéphiles se souviendront de *Genevieve* (1953), où elle interprétait avec son brio coutumier le rôle de la propriétaire d'un hôtel de Brighton.

profiter à chaque seconde. Il a consenti d'un signe de tête, le plus solennellement du monde, et a conclu :

« Tout à fait. »

Je reçois des fleurs, des appels téléphoniques et du courrier du matin au soir. Mr. Otto et les deux jeunes réceptionnistes ne savent plus où donner de la tête. Moi non plus d'ailleurs, croyez-le ou non.

Nous avons dîné chez Victor's, un restaurant hongrois. Victor est un ami intime d'André Deutsch, ils sont hongrois tous les deux mais Victor l'est bien plus encore. Il s'est incliné, m'a fait un baisemain et m'a dit combien j'étais « belle » – « la reine de Londres pendant un mois » –, combien aussi mon livre était « beau ».

« Il sort tout droit des pages d'un roman de Molnar [1] », ai-je confié à Deutsch.

Ce dernier m'a regardée en souriant, légèrement surpris.

« Oh ! vous connaissez Ferenc ? »

Je ne le connaissais pas personnellement, ce qui était son cas. Si un admirateur de Ferenc lit ces lignes, qu'il sache que son nom se prononce Ference.

Le dîner s'est déroulé dans une salle à manger privée, à l'étage ; après avoir gravi l'escalier recouvert de moquette, les huit convives ont découvert

---

1. Ferenc Molnar (1878-1952). Écrivain hongrois, auteur des *Garçons de la rue Pal.*

une vaste table ronde absolument éblouissante avec ses verres à vin, ses fleurs et ses bougies.

J'ai été placée entre Deutsch – vieille Europe, d'une politesse exquise – et le « journaliste très important » dont je n'ai jamais compris le nom.

Tous sont tombés à la renverse en apprenant que j'allais rencontrer Joyce Grenfell. Je la connais grâce à ses films, mais elle est bien plus célèbre ici pour ses one-woman shows, que je n'ai jamais vus. Elle écrit elle-même ses textes et les places se vendent comme des petits pains. Ce qui fait que je suis maintenant très intimidée à l'idée de faire sa connaissance.

Après le café, quelqu'un a fait circuler un exemplaire de *84* pour que chacun puisse le signer à mon intention. Au-dessus des divers noms, un hommage fleuri : « À un auteur qui allie le talent au charme » et la sociabilité à je ne sais plus quoi d'autre. Deutsch l'a lu, a approuvé vigoureusement de la tête et a signé avant de me tendre le livre. Victor l'a lu à son tour et s'est écrié : « Oui, oui, c'est bien vrai ! » avant d'écrire : « Votre hôte ! » et de me refaire un baisemain. Au dessert est apparu un gâteau délirant, avec un glaçage rose orné d'un BIENVENUE HELENE.

De retour à l'hôtel vers minuit, j'ai fait une apparition majestueuse à la réception, annonçant à Mr. Otto et aux garçons que désormais je ne répondrai plus qu'au seul nom de « duchesse de Bloomsbury ». Ou, tout au moins, « de Bloomsbury Street ».

Les deux réceptionnistes sont des étudiants venus

d'Afrique du Sud. L'un doit repartir dans quelques jours et l'autre lui a conseillé, sur le ton de la conversation :

« Si tu es poursuivi par la police, mange le papier sur lequel est notée mon adresse. »

Mercredi 23 juin.

J'ai été invitée à déjeuner par un libraire spécialisé en livres rares, ainsi que Nora. À table, cette dernière nous a raconté une histoire étonnante. J'en suis arrivée à la conclusion que les libraires possèdent autant l'esprit de clan que les acteurs car pendant dix ans Frank et Nora furent inséparables d'un confrère du nom de Peter Kroger et de son épouse Helen. Les Doel et les Kroger faisaient tout ensemble, même si professionnellement les deux hommes étaient concurrents. Un soir de Saint-Sylvestre, les Doel ont organisé un réveillon au cours duquel Helen portait une robe du soir noire qui lui donnait un air très exotique.

« Helen, tu ressembles à une espionne russe ! » s'est exclamée Nora.

Helen et Peter se sont alors mis à rire. Quelques mois plus tard, en ouvrant le journal du matin, Nora a découvert que les Kroger étaient bien des espions russes.

« Une foule de journalistes se pressait autour de la maison. On m'a offert deux mille livres pour donner des informations sur l'"anneau". Je leur ai répondu que le seul anneau que je connaissais était mon alliance. »

Elle est allée rendre visite en prison aux Kroger et Peter lui a alors demandé si elle se souvenait d'avoir comparé Helen à une espionne russe.

« Cela avait dû leur donner un coup, ai-je dit.

– Je n'en ai aucune idée, a poursuivi Nora. Il voulait simplement savoir si je m'en souvenais. Puis nous avons changé de sujet. »

En assistant au procès, les Doel ont découvert que tout ce que leur avaient confié les Kroger à propos de leur passé était pure invention. Lorsque je lui ai demandé si cela la chagrinait, Nora m'a répondu que non, qu'elle les comprenait.

« Nous n'avons jamais eu de plus proches amis. Ils étaient merveilleux, vraiment charmants. Tout cela était politique, j'imagine qu'ils avaient leurs raisons. »

Un an plus tard, les Kroger ont été échangés contre un espion anglais détenu par les Russes. Aujourd'hui, ils vivent en Pologne. Helen et Nora s'écrivent toujours à Noël.

En début de soirée, j'ai téléphoné à Joyce Grenfell, et nous avons parlé des films dans lesquels je l'avais vue.

« Alors vous me reconnaîtrez grâce à ma frange. »

Je dois les retrouver pour dîner mardi au Waldorf, qui est à deux pas du théâtre.

Jeudi 24 juin.

Enfin une journée pour moi toute seule ! J'ai parcouru Regent's Park à pied. Je suis repassée vingt ou trente fois dans la rue en arc de cercle imaginée par Nash ; j'ai vu, dans Wimpole Street, la maison où Robert Browning allait présenter ses hommages à Elizabeth [1], j'ai traversé Harley Street mais aussi Devonshire Street, Devonshire Place, Devonshire Mews, Devonshire Close et Devonshire Mews Close. Quelle ville merveilleuse !

Quand je suis arrivée à l'hôtel, une note m'attendait à la réception. Aucune salutation :

> Pouvez-vous être chez moi samedi à midi pile ? Nous irons à Windsor et à Eton. Une journée chargée en perspective.
>
> À très vite.
>
> PB.

Il me conduit à Windsor et à Eton, je n'en reviens toujours pas ! J'adore sa façon de ne jamais utiliser de formule de politesse. Je suis toujours exaspérée à l'idée de commencer une lettre destinée à un employé du téléphone ou à un assureur par « Cher Monsieur » alors que nous savons tous deux que personne ne m'est moins cher sur terre.

---

1. Elizabeth Barrett Browning (1806-1861). Femme de lettres anglaise, auteur d'un roman philosophique, *Aurora Leigh*. Son mariage avec le poète Robert Browning (1812-1889) est à l'origine des *Sonnets de la Portugaise*. La mort tragique de son épouse inspira à ce dernier *Dramatis Personae* et *L'Anneau et le Livre*.

Je suis en train d'écrire dans le salon du Kenilworth. À ne pas confondre avec la salle de télévision où, dans l'obscurité la plus totale, chacun bien droit sur sa chaise semble hypnotisé par une quelconque comédie. Le salon débouche sur l'entrée. C'est une pièce agréable avec ses sièges confortables et son canapé, mais si vous désirez tenir votre journal en paix mieux vaut jeter un coup d'œil discret avant d'entrer. Car si une femme est assise seule, elle est à la recherche de quelqu'un à qui parler. Si deux femmes y bavardent déjà, elles pousseront la gentillesse et l'amitié jusqu'à vous inclure d'office dans la conversation, et il vous sera impossible de décliner sans passer pour un sauvage.

Ce soir, lorsque je suis arrivée, il n'y avait personne à l'exception d'un homme plongé dans son courrier – il vient de partir à l'instant. Il m'a demandé de lui donner du feu, et en entendant mon accent américain il m'a dit qu'il avait vécu à New York pendant un an.

« Et un jour, alors que je descendais la Cinquième Avenue en compagnie d'un ami américain, ce dernier s'est exclamé : “Pourquoi cours-tu ? – Mais je ne cours pas !” J'ai su qu'il était grand temps de rentrer au pays. »

Ici on ne vous demande du feu que si vous êtes en train de fumer, on peut ainsi allumer sa cigarette avec la vôtre. Personne n'oserait vous demander une allumette, autant vous demander de l'argent. En Angleterre, les allumettes ne sont pas gratuites. Pas de petites boîtes dans les cendriers des hôtels et des restaurants. Vous devez les acheter, j'imagine qu'elles sont importées et trop coûteuses pour être gaspillées, comme c'est le cas en Amérique.

Une femme est arrivée à l'instant.

« Êtes-vous l'Écrivain ? »

Elle a entendu parler de moi à la réception. Elle vit dans le Kent et n'aime guère Londres, elle n'est ici que parce que son frère est hospitalisé, mais au moins elle a pu découvrir une partie de Bloomsbury car il refuse qu'elle reste cloîtrée dans la chambre avec lui. Ainsi cet après-midi a-t-elle visité la maison de Dickens dans Doughty Street.

« Y avez-vous été ? »

Elle souhaite bavarder, alors nous bavarderons.

Vendredi 25 juin.

J'ai reçu ce matin la note de l'hôtel pour ma première semaine, bien plus élevée que ce à quoi je m'attendais, et pourtant j'avais prévu large : déjeuners, dîners et 12 pour cent de pourboires. J'ai remonté la rue jusqu'aux éditions Deutsch et je l'ai confiée à Mr. Tammer, leur comptable. L'air grave derrière ses lunettes, son visage s'illumine soudain d'un beau sourire lorsqu'on lui dit bonjour. Il pourvoit à mes besoins, mon banquier attitré. Il garde tout mon argent – l'« avance » – en liquide dans le coffre-fort de son bureau, et il me le distribue au compte-gouttes, une fois par semaine. Il m'a donné de quoi régler la note d'hôtel ainsi que dix livres sterling, ma pension alimentaire pour les sept prochains jours. Dès que je suis à court d'argent, je pioche dans la cagnotte offerte par mon frère. J'ai d'ailleurs prié Mr. Tammer de me changer dix dollars en livres. Le plus méticuleusement du monde, il a alors sorti ses graphiques et sa calculatrice afin d'être au plus près du dernier taux de change – que Dieu le préserve de m'escroquer de quinze cents !

On m'a remis sur place une lettre qui m'intrigue beaucoup, signée d'un homme dont j'ignorais jusqu'à l'existence. Jamais personne de chez Marks & Co. n'avait mentionné son nom.

> Chère Miss Hanff,
>
> Je suis le fils de feu Ben Marks et je voulais vous dire combien je suis heureux de vous savoir ici, et combien mon épouse et moi-même aimerions dîner en votre compagnie.
>
> Je ne sais pas où vous êtes descendue, alors voulez-vous bien me téléphoner à l'un des numéros mentionnés ci-dessus ? Le second est un répondeur, tout message laissé me parviendra.
>
> Nous sommes tous deux très impatients de faire votre connaissance.
>
> Sincèrement,
>
> Leo Marks.

La secrétaire qui m'a donné cette lettre m'a appris qu'il avait d'abord appelé afin de savoir comment me joindre.

« Mais nous ne communiquons jamais vos

coordonnées. Nous lui avons demandé de vous contacter par notre intermédiaire. »

J'ai une piètre opinion de ces méthodes, et je me suis précipitée dans le bureau de Carmen pour mettre les choses au clair.

« Ma chère Carmen, je ne suis pas le genre d'auteur qui désire être protégé de ses lecteurs. Si un admirateur téléphone et propose de me nourrir, je serai toujours libre pour dîner avec lui. »

Elle m'a annoncé que je devais encore donner au moins deux interviews, mais elle essayera de les liquider en l'espace d'un seul déjeuner. Un journaliste a demandé si j'avais l'intention « d'acheter de l'argenterie et des pulls en cachemire – ou simplement des livres ? ». J'ai alors répondu que je n'avais pas l'intention d'acheter *quoi que ce soit*, tous les articles dans les vitrines de la ville portant une étiquette sur laquelle est écrit : « Un jour de moins à Londres. »

Je m'en vais maintenant visiter le Parlement.

Minuit.

J'AI PASSÉ UNE SOIRÉE À L'OLD VIC. Les fantômes de ma jeunesse ont resurgi, j'aimais alors passionnément ce milieu et ne pouvais pénétrer dans un théâtre sans un frisson. Nora, Sheila et moi-même avons vu *La Profession de Mrs. Warren*[1]. Ce lieu conjugue à la fois l'atmosphère du vieux Met à New York et celle de l'académie de musique de

1. Pièce (1898) de George Bernard Shaw.

Philadelphie ; les spectateurs y pénètrent avec un sentiment de respect mais le cœur en fête, un peu comme s'ils se rendaient à la messe de minuit.

Sheila a eu du mal à se garer, elle est arrivée trois minutes après le lever de rideau et a dû assister au premier acte dans le foyer, la pièce étant retransmise sur un écran interne. Impossible de s'asseoir une fois la messe commencée.

Je ne comprendrai jamais comment on peut jouer *La Profession de Mrs. Warren* dans des costumes de la fin du XIXe siècle. De nos jours les politiciens et les hommes d'affaires ne fréquentent-ils plus les bordels ? N'exige-t-on plus des filles issues de milieux défavorisés qu'elles meurent de faim vertueusement plutôt que de se nourrir dans le péché ? Des piliers de la société bien-pensante n'entretiennent-ils donc plus leurs maîtresses dans de petites maisons de campagne ? Comment peut-on monter cette pièce avec des costumes d'une autre époque ? Bernie Shaw en piquerait une crise.

J'ai demandé à Nora ce qu'elle savait de Leo Marks. Elle ne les a croisés que très rarement lui et sa femme, mais « ils semblent former un jeune couple adorable ». Elle a ajouté qu'il était écrivain.

Je suis assise dans ma chambre, en train de prendre de la vitamine C. Je crois que j'ai attrapé froid. J'ai essayé de lire Mary Baker Eddy [1] une fois dans ma vie, j'aurais dû persévérer.

---

1. Mary Baker Eddy (1821-1910). Fondatrice du mouvement

Samedi 26 juin.

Dieu merci, il faisait enfin soleil – et chaud – ce matin, j'ai donc pu porter une jupe en l'honneur de PB (gros titre dans le journal : L'ANGLETERRE ACCABLÉE DE CHALEUR. TEMPÉRATURE DE 24 DEGRÉS). J'ai mis ma jupe de lin marron et mon nouveau blazer blanc. Il a eu un sourire radieux en me voyant – « Vous êtes exquise » – et m'a demandé si j'avais acheté mon écharpe ton sur ton chez Harrods (elle fait partie de ma robe de cocktail).

En voiture, il m'a annoncé que finalement nous ne pourrions pas visiter le château de Windsor car « la reine y séjourne actuellement », mais que nous nous arrêterions dans la ville pour prendre un verre de sherry avec ses deux sœurs aînées. Il était certain que j'adorerais leur maison.

J'ai noté, en chemin, l'existence d'un refuge pour chevaux fatigués. Leurs propriétaires s'y rendent le dimanche et leur apportent des petits pains au lait fourrés à la crème.

À Windsor, les anachronismes sont monnaie courante. Les sœurs de PB vivent dans une rue du XVIIe siècle, et chaque maison, de style Queen Ann [1], est dotée d'une antenne de télévision qui dépasse du toit. Sans oublier une voiture devant chaque façade.

« Science chrétienne ». Elle pensait que l'on pouvait guérir de tout par le seul contrôle de sa propre volonté.

1. Anne Stuart (1665-1714), reine de Grande-Bretagne et d'Irlande.

PB s'est garé à l'arrière, près de la roseraie, et nous avons été accueillis par la sœur Dominatrice, qui a cueilli une rose pour ma boutonnière et nous a fait entrer dans le salon. Après avoir traversé un couloir étroit et vieillot, nous avons retrouvé la sœur Timide dans le salon. Cette dernière nous a servi un verre de sherry et toutes deux ont annoncé avec regret à PB que leur fantôme avait quitté les lieux.

Le fantôme, qui vivait déjà dans la maison lorsqu'elles l'ont achetée il y a une vingtaine d'années, n'avait pas déménagé à leur arrivée. Il était très discret et ne posait aucun problème, du moins la plupart du temps. Mais il aimait qu'elles aient des invités, il appréciait leurs allées et venues. Dès que les sœurs s'apprêtaient à partir en voyage et à fermer la maison, le fantôme devenait fou furieux. Les tableaux se décrochaient des murs, les verres à vin du buffet se brisaient sur le sol, tout comme les lampes, et la batterie de cuisine s'agitait avec fracas pendant toute la nuit. La colère du fantôme se prolongeait jusqu'à leur départ en vacances. Cela a duré pendant vingt ans, dès qu'elles partaient pour Londres au moment de la saison mondaine, pour la campagne ou l'étranger. Cette année, pour la première fois, les sœurs ont préparé itinéraire et bagages sans aucune réaction de sa part. Tableaux, verres à vin et lampes n'ont pas été déplacés et la cuisine est restée silencieuse. Le fantôme était parti. Les sœurs sont plutôt tristes, elles s'étaient attachées à lui.

L'une d'elles m'a emmenée dans la salle de bains

du dernier étage afin de me faire profiter de la vue. Elles s'y précipitent toujours pour voir si la reine est arrivée. De la fenêtre on aperçoit le mât du château. Si la reine y séjourne, le drapeau flotte.

Elles se sont excusées de ne pas nous offrir à déjeuner, elles partaient voir le prince Philip disputer une compétition de polo.

PB et moi avons pique-niqué sur la pelouse de Windsor. Il avait préparé – à moins que ce ne fût sa femme de ménage – un panier contenant trois variétés de sandwiches, une Thermos de thé glacé, des pêches, des cookies et des bonbons à la menthe. Je suis folle de cet homme, un parfum édouardien émane de ses moindres faits et gestes. Jusqu'au cendrier de porcelaine posé à l'avant du tableau de bord de sa voiture, car il refuse manifestement d'utiliser le cendrier de métal prévu à cet effet.

Un pont réservé aux piétons rattache Windsor à Eton. PB portait la cravate de l'école et le portier s'est écrié : « Vous êtes un ancien, monsieur ! » avant de nous laisser visiter des salles interdites aux touristes.

Si vous êtes né aux États-Unis, et si vous brûliez de faire vos humanités sans jamais avoir pu réaliser ce rêve, vous ne pouvez qu'être intimidé par une école où depuis des siècles des garçons savent lire et écrire le grec et le latin dès l'adolescence. PB m'a fait visiter la toute première salle de classe, qui remonte à cinq cents ans, et m'a proposé de m'asseoir à l'un des bureaux. Ils sont en chêne massif et patiné, et recouverts d'initiales gravées dans le bois par les élèves à l'aide de canifs. Cinq siècles d'initiales, cela mérite le détour.

Puis nous sommes allés dans la chapelle où prient les élèves les plus âgés. Un cahier de présence, sous forme de rouleau, est suspendu à chaque banc et permet aux surveillants de noter les absences. Nous avons lu les noms inscrits sur l'un d'entre eux : « Harris Major. Harris Minor. Harris Tertius. » À Eton on n'écrit jamais en anglais ce qu'on peut écrire en latin. Tout le long du couloir à l'extérieur des salles de classe, des noms ont été gravés dans le chêne qui tapisse les hauts murs. Les inscriptions sont aussi profondes que celles qui ornent les bureaux.

PB m'a raconté qu'une fois diplômés les élèves versaient quelques shillings afin que leur nom soit gravé dans le mur. PB y côtoie Pitt et Shelley. On pourrait passer un mois à ramper de haut en bas à la recherche de certains noms.

Des plaques à fendre le cœur rendent hommage aux élèves morts au combat. Une seule famille a perdu huit de ses hommes au cours de la Première Guerre mondiale. Les Grenfell (famille du mari de Joyce) ont perdu un grand-père, un père et un fils, sans compter six hommes lors de la guerre des Boers, une douzaine d'années plus tôt.

Nous sommes sortis et j'ai découvert les terrains de sport où toutes ces guerres ont été soi-disant gagnées. Des élèves jouaient au cricket, d'autres flânaient, balayant l'air d'une raquette de tennis. Le samedi, on les autorise à porter de simples vêtements de sport mais certains avaient préféré l'uniforme de l'école : queue-de-pie noire, chemise blanche, pantalons rayés. PB m'a dit que le haut-de-forme n'était plus de rigueur, sauf dans les grandes occasions. (Le port de ces chapeaux leur évitait jadis bien des ennuis. Si un Etonien tentait de se faufiler dans un pub ou un cinéma hors du périmètre autorisé, le directeur le repérait sur-le-champ et le jetait dehors.)

Les visages de ces garçons sont d'une beauté incroyable, pure et ciselée. Et les queues-de-pie, qui devaient être si incongrues dans les années cinquante et soixante, s'accordent aujourd'hui merveilleusement aux cheveux longs des élèves. Avec leurs visages de camée, leurs longs cheveux soyeux et leurs vêtements coupés à la perfection, ils évoquent d'improbables princes édouardiens.

Nous sommes repartis pour Londres à 16 heures ; PB souhaitait me faire visiter Marlborough House [1], mais comme elle ferme à 17 heures, il s'est d'abord arrêté chez lui pour prendre sa lettre. Cette dernière permet un accès total à la maison, tout comme la cravate d'ancien élève à Eton. Rédigée sur du papier à en-tête de Marlborough House, elle est datée de 1948, commence par « Cher cousin Buckley » et est signée « George R ». (Si vous êtes un citoyen

1. Célèbre pour ses peintures murales retraçant les batailles gagnées par le duc de Marlborough sur les troupes de Louis XIV.

ignorant issu de cette société sans castes appelée États-Unis, sachez que R correspond à Rex. George R se lit George VI.) Je n'ai pas pris connaissance de cette lettre, mais je crois qu'elle lui permet de faire visiter la maison à n'importe quel moment.

Une fois sur place, nous n'avons pas pu entrer. Un garde nous a expliqué qu'elle était fermée le temps d'un grand nettoyage. La chapelle royale était ouverte et PB m'a conseillé d'assister à un office le dimanche matin. Il m'a dit qu'il n'y avait jamais grand monde car peu de gens savent qu'elle est ouverte au public. La reine Mary s'est mariée ici, alors j'irai par affection pour elle et pour Pope-Hennessy[1].

Plus tard.

Laura Davidson vient de m'appeler d'Oxford à l'instant. Elle m'avait envoyé une lettre de fan m'annonçant que son mari, un professeur de Swarthmore[2], était en poste à Balliol pour un an et que, tout comme leur fils de quinze ans, ils étaient des inconditionnels de mon livre ; aussi m'invitaient-ils à venir les rejoindre sur place. Suite à ma réponse, lui précisant les dates de mon séjour, elle était allée jusqu'à déprogrammer des vacances à

1. James Pope-Hennessy (1916-1974). Auteur d'une remarquable biographie de la reine Mary (1867-1953).
2. Swarthmore College en Pennsylvanie, fondé par les quakers en 1864.

Paris dans le seul but de m'accueillir en personne. Quand j'ai décroché le téléphone, elle m'a dit :

« Salut ! C'est Laura Davidson. Comment allez-vous ? Quand venez-vous à Oxford ? Mon fils en meurt d'envie. Quel suspense ! »

Nous nous sommes décidées pour vendredi prochain. Des trains partent toutes les heures ou presque, je n'aurai qu'à la contacter au dernier moment afin de lui communiquer mon heure d'arrivée. Elle m'attendra mon livre à la main pour que je puisse la reconnaître.

Je suis déjà tellement paranoïaque à l'idée de voyager dans mon propre pays – et en bonne santé – que la seule perspective de ce déplacement m'épuise déjà. Mais je dois absolument visiter Oxford. Et tout particulièrement les chambres d'étudiants occupées, à diverses époques, par John Donne, John Henry Newman [1] et Arthur Quiller-Couch [2]. Je dois à ces trois hommes tout ce que je sais dans le domaine de l'écriture, et avant de mourir je veux me recueillir dans leurs chambres et les bénir à voix haute.

À lui seul, Q (Quiller-Couch) a comblé des années de lycée. Un jour, à l'âge de dix-sept ans, je suis allée à la bibliothèque de mon quartier pour y rechercher

1. John Henry Newman (1801-1890). Prélat anglais et auteur de nombreux ouvrages, comme *Apologia pro vita sua* ou *La Grammaire de l'assentiment*.

2. Arthur Quiller-Couch (1863-1944). Écrivain et professeur de littérature. Helene Hanff a toujours affirmé qu'elle lui devait sa passion pour les livres. À tel point que son autobiographie, publiée en 1985, s'intitule *Q's Legacy*.

des livres consacrés à l'art d'écrire, et j'ai découvert cinq volumes rassemblant des conférences qu'il avait données sur ce thème à ses élèves de Cambridge.

« C'est absolument ce dont j'ai besoin ! » me suis-je félicitée en moi-même.

Je me suis dépêchée de rentrer, le premier volume sous le bras, et je m'y suis plongée sans attendre. Page trois, premier obstacle. Q s'adressait à de jeunes étudiants, formés à Eton et Harrow. Il tenait donc pour établi que ses élèves – y compris moi – avaient lu *Le Paradis perdu*[1], et par conséquent qu'ils comprendraient son analyse de « L'invocation à la lumière », du livre IX. J'ai alors décidé de m'arrêter à ce passage et je suis retournée à la bibliothèque chercher un exemplaire du *Paradis perdu*.

Une fois à la maison, j'ai commencé à le lire. Page trois, nouvel obstacle : Milton tenait pour acquis que je connaissais la version chrétienne du livre d'Isaïe et le Nouveau Testament, et que Lucifer ou la Guerre au Ciel n'avaient aucun secret pour moi, mais comme je suis juive tel n'était pas le cas. J'ai donc décidé d'emprunter une Bible et de combler mes lacunes avant de lire *Le Paradis perdu* et de retrouver Q à la page trois. Page quatre ou cinq, je suis tombée sur deux citations, l'une, courte, en latin, l'autre, longue, en grec. J'ai alors fait passer une annonce dans la *Saturday Review* afin de trouver quelqu'un pouvant me donner des cours dans ces

1. Chef-d'œuvre du poète John Milton (1608-1674).

deux langues, et je me suis replongée dans Q en attendant. J'ai découvert qu'il considérait également comme établi que je connaissais les pièces de Shakespeare et le *Johnson* de Boswell [1], mais aussi le second livre d'Esdras, qui n'est pas dans l'Ancien Testament mais dans le Nouveau (les apocryphes), des textes dont j'ignorais jusqu'à l'existence.

Si bien que d'une chose l'autre, et comptant une moyenne de trois obstacles par semaine, j'ai mis onze ans à lire ces cinq volumes de conférences dans leur intégralité.

Q m'a également fait connaître l'œuvre d'un autre professeur d'Oxford, John Henry Newman, qui enseignait à Oriel, et après Trinity je compte bien m'y rendre et m'asseoir dans la chapelle de John Henry. Je lui avouerai que la plupart du temps je ne comprends pas un mot de ce qu'il écrit mais que je connais par cœur des pages de son *Apologia* et que je possède une première édition de *Ma Conception de l'université.*

Dimanche 27 juin.

PB a raison : la chapelle royale de Marlborough House n'a rien de touristique et peu de gens savent qu'elle est ouverte au public. Quand elle l'est.

Après m'être habillée avec le plus grand soin, je

1. Biographie de l'écrivain et moraliste anglais Samuel Johnson (1709-1784) par James Boswell (1740-1795). Considérée par beaucoup comme la meilleure biographie jamais écrite à ce jour.

m'y suis rendue ce matin. Seules quelques personnes attendaient d'assister à l'office. Visiblement, elles viennent toutes y faire leurs dévotions le dimanche et semblent se connaître. Elles ont d'ailleurs passé l'essentiel de l'office à essayer de deviner qui j'étais. Il me fut facile de reconstituer leur conversation d'après leurs murmures et leurs regards de côté :

« Ma chère, ne regardez pas maintenant… »

« … derrière vous sur le banc du fond, quelques rangs derrière… »

Bzz-bzz-bzz…

Une dame d'un certain âge au visage anguleux a sorti ses lunettes dans le seul but de loucher longuement dans ma direction. Puis elle s'est tournée vers l'amie toute frêle assise à ses côtés et a secoué vigoureusement la tête : « Non ! » La dame frêle a refusé de s'avouer vaincue. Elle n'a pas cessé de me dévisager, me souriant d'une manière hésitante, le type de sourire que l'on réserve à quelqu'un que l'on pense connaître sans pouvoir néanmoins l'identifier. J'ai commis l'erreur de lui sourire à mon tour, et à partir de ce moment-là toutes deux ne m'ont plus quittée des yeux.

J'étais également la seule dans l'assemblée à porter un sac à bandoulière, je n'avais pas besoin de ça.

À la fin de l'office, j'ai été la première à me lever, direction la sortie. J'ai dû rentrer déjeuner à l'hôtel. Le dimanche TOUT est fermé, vous pouvez mourir de faim.

Je suis allongée sous un arbre de Saint James's Park. Au cœur de la ville, trois parcs sont contigus : Saint James's et Green, de taille modeste, et Hyde Park, qui est très vaste. Une telle sérénité émane de ces lieux si calmes ! De jeunes couples se promènent bras dessus bras dessous, sans transistors ni guitares. Des familles pique-niquent sur les pelouses en toute quiétude. Tout aussi posés que leurs maîtres, les chiens circulent en laisse, ne regardant ni à droite ni à gauche. Une seule exception : une femme accompagnée d'un petit caniche gris en laisse, qui a dévié de sa route pour répondre à mes salutations – toujours ravi de se faire de nouveaux amis –, mais sa propriétaire l'a ramené d'un coup sec dans le droit chemin.

« Je vous en prie, ne faites pas ça ! a-t-elle protesté d'un ton brusque. J'essaie de lui apprendre les bonnes manières. »

« Quel dommage qu'il ne puisse faire de même avec vous », me suis-je dit en moi-même. Soudain, j'ai pensé à Dog Hill le dimanche après-midi. Comment allaient-ils tous ?

Un soir nous avons pique-niqué là-bas, Dick, qui vit dans mon immeuble et possède un berger anglais, mon amie Nikki et moi. J'avais préparé des sandwiches à la dinde et des œufs durs au curry, Dick une Thermos de bloody mary, et nous nous étions installés au sommet de la colline avec Chester le berger. Nikki nous a rejoints directement en sortant du bureau. Il fallait être fou pour pique-niquer sur Dog Hill, mais Dick et moi avions envie de tenter l'expérience. Nous ne sommes pas arrivés avant 18 h 30, et la plupart des chiens étaient alors rentrés chez eux.

Dog Hill, une colline aux pentes abruptes qui domine Central Park, est le dernier salon où l'on cause pour les chiens du monde entier. En fin de semaine, dans l'après-midi, quarante ou cinquante chiens sans laisse s'y précipitent pour retrouver leurs amis – on n'emmène pas un chien sur Dog Hill s'il n'est pas un ami du monde entier, mais je n'en ai jamais rencontré un seul à New York qui ne le fût pas. Certains jours, si vous êtes chanceux, vous y découvrirez toutes les espèces imaginables, lévriers afghans, chiens de traîneau norvégiens, shih-tzus ou terriers tibétains, sans oublier les races les plus courantes. Leurs propriétaires sont assis dans l'herbe ou restent debout comme des parents lors d'un goûter d'enfants, l'œil vigilant au cas où une querelle éclaterait à propos d'un bâton ou d'une balle.

« George, si tu n'es pas gentil, nous rentrons à la maison ! »

« Mabel, laisse-le tranquille ! Je ne veux rien savoir, laisse-le tranquille immédiatement ! »

Il est impossible de s'allonger sur l'herbe pour prendre un bain de soleil, car quand un couple de danois et un colley font la course, ils ne feront pas un détour en votre honneur si par malheur vous vous trouvez sur leur route.

Nous nous sommes donc installés au sommet de la colline et Dick nous a servi un bloody mary dans des gobelets en carton. Quelques chiens jouaient à mi-pente, et normalement Chester aurait dû se joindre à eux. Mais il n'avait cessé de sentir le panier du pique-nique tout le long du trajet, alors il se contentait de quelques petits bonds afin de renifler ici et là avant de revenir, préférant ne pas nous quitter jusqu'à l'heure du dîner.

Le moment crucial arrivé, je lui ai donné une tranche de dinde de mon propre sandwich, ayant parfaitement compris son petit manège. Il n'en fallut pas plus. En cinq secondes, un demi-cercle s'était formé autour de moi : tous les chiens encore présents sur la colline étaient venus assister au pique-nique.

Deux bassets – des frères – prénommés Sam et Sid, Romulus, un danois, un beagle que je n'avais jamais vu, sans oublier Helga, un jeune berger allemand très timide. Tous d'une immobilité totale, le regard fixé sur ma personne, et mon sandwich. Le beagle en bavait d'envie.

Ayant en réserve un sandwich supplémentaire, j'ai sacrifié celui que j'avais commencé et leur ai donné à chacun un morceau de dinde. (Helga était très nerveuse, elle désirait visiblement s'approcher de moi pour prendre sa tranche, mais comment être certaine que je n'allais pas la mordre ?)

Chester le berger, estimant que la concurrence était rude, a préféré lorgner du côté du sandwich de

Nikki. Et au moment où je finissais de nourrir mes troupes, Nikki a provoqué un remue-ménage incroyable en donnant à Chester une gorgée de son bloody mary.

« Chester, au pied ! » a hurlé Dick.

Et Chester, désireux de montrer combien il était bien dressé, s'est assis sur l'œuf au curry de Nikki. Sur quoi cette dernière a piqué une crise. (Elle est jeune et ravissante, a étudié pendant un an à la London School of Economics, mais elle n'aime que les chats.) Je me suis tournée vers elle et j'ai appelé Chester, espérant l'attirer vers moi. Alors, profitant de mon inattention, le beagle (je crois qu'il se prénommait Morton) s'est emparé de mon sandwich supplémentaire, encore intact, avant de dévaler la colline. Sa maîtresse est venue s'excuser, et me remercier : elle m'a raconté qu'il ne mangeait que du poulet, et qu'elle n'aurait donc pas à le nourrir une fois à la maison.

Nous sommes rentrés à pied, en marchant à travers le parc jusqu'à la grille donnant sur la 72e Rue, et chemin faisant nous avons croisé une équipe de base-ball dans le feu de l'action, ainsi qu'un orchestre de marimba en pleine improvisation tentant de s'imposer face à un concert de rock dont le son montait de la 59e Rue.

Allongée si paisiblement dans Saint James's Park, j'ai réalisé combien les jardins d'une grande ville reflètent la personnalité de ses habitants. Ici, ils sont calmes, silencieux, un peu réservés, et je les aime pour ces qualités. Mais à long terme, l'exubérance bruyante de Central Park me manquerait cruellement.

21 heures.

Le Colonel a téléphoné : il est de retour.

« Quelle région de notre merveilleux pays aimeriez-vous visiter ? »

Je lui ai dit que je me rendais à Oxford vendredi prochain et que je lui serais très reconnaissante de m'y conduire.

« Eh bien ! a-t-il rugi, nous ferons bien mieux que cela, ma chère ! Si vous êtes libre jeudi, nous pouvons traverser les Cotswolds [1] et être à Stratford upon Avon [2] pour dîner puis aller au théâtre, et le lendemain rejoindre vos amis à Oxford. »

J'étais dans un état d'excitation indescriptible, je n'en revenais pas moi-même. Je ne suis pas du tout attirée par les lieux de naissance. À mes yeux Shakespeare est né au théâtre du Globe. Mais quand le Colonel m'a annoncé que nous allions à Stratford, j'ai hurlé de joie. Comment s'en empêcher ?

Je lui ai demandé s'il connaissait une boutique où je pouvais acheter un sac de voyage bon marché et il a répondu :

« C'est absurde, je vais vous envoyer un joli sac de la compagnie aérienne. »

---

1. Ligne de côtes du bassin de Londres.
2. Ville natale de Shakespeare.

Être un ersatz de duchesse est très insidieux, croyez-moi sur parole. Chacun se précipite pour combler vos désirs avant même que vous les ayez formulés. Si cela devait se prolonger au-delà d'un mois, ma fibre morale n'y survivrait pas.

Lundi 28 juin.

J'ai laissé mon numéro sur le répondeur téléphonique de Leo Marks, et il m'a rappelée ce matin. Belle voix de baryton, accent d'Oxford (ou de Cambridge, je n'ai jamais su les différencier). Il viendra me chercher demain soir à 19 heures et nous dînerons en compagnie de sa femme.

Ce soir, dîner et théâtre – *Le Songe d'une nuit d'été* – avec les Grenfell. Ce matin, j'ai donc demandé au jeune réceptionniste, ma robe de cocktail sur le bras :

« Pouvez-vous la faire repasser avant 17 heures ?

– S'agit-il d'un nettoyage à sec ou peut-elle être lavée en machine ?

– Un simple coup de fer suffira. »

Il m'a dévisagée d'un air déconcerté.

« Préférez-vous un nettoyage à sec, a-t-il répété en insistant bien sur chaque mot comme s'il s'adressait à une Russe ou à une sourde, ou un lavage en machine ?

– Ni l'un ni l'autre, ai-je répondu sur le même ton, comme s'il était russe ou sourd. Juste un coup de fer, elle est toute froissée. »

Incompréhension totale de sa part. Après m'avoir dévisagée encore un moment, il s'est ressaisi et a marmonné : « Veuillez m'excuser » avant d'aller consulter les autorités supérieures. Une minute plus tard, il était de retour.

« Allez voir l'intendante, chambre 315. Peut-être pourra-t-elle vous aider. »

Je m'y suis rendue, et après avoir frappé à la porte j'ai expliqué mon problème à cette femme à l'allure si maternelle. Elle a hoché la tête d'un air compréhensif, m'a dit : « Par ici, ma chère » et m'a emmenée à l'autre bout du couloir. Elle a alors ouvert la porte d'un petit cachot contenant une planche à repasser et un fer en fonte d'une taille monstrueuse, qui remontait à la préhistoire.

« Vous pouvez repasser ici, ma chère. Faites attention au fer, le cordon s'effiloche. »

À ce stade de la conversation, j'étais moi-même quelque peu effilochée. C'est une robe en soie, j'ignorais tout du fonctionnement de ce fer et il ne me paraissait guère amical. Une fois de retour en bas, j'ai donc demandé au réceptionniste d'envoyer ladite robe chez le teinturier. Il n'a pas caché son immense soulagement. Voilà ce qui arrive lorsque l'on est allergique aux tissus synthétiques dans un monde qui refuse le repassage.

Plus tard.

Je me suis perdue en essayant de trouver le Waldorf à pied, je l'ai dépassé de deux pâtés de maisons, et après avoir rebroussé chemin j'ai couru jusqu'à l'hôtel où je suis arrivée avec dix minutes de retard. Joyce Grenfell, qui devait surveiller l'entrée, est venue à ma rencontre. Je l'ai immédiatement reconnue, elle semblait sortir de l'un de ses films.

Une fois dans la salle à manger, elle m'a présenté son mari – « RegGEE ! » l'appelle-t-elle le plus souvent – et leurs amis australiens, Sir Charles et Lady Fitts – lui est un médecin réputé.

Je me suis assise, soudainement ébranlée à l'idée que ces quatre êtres distingués avaient voulu *me* rencontrer. La vie est extraordinaire, vous pouvez me croire. Il y a quelques années, j'avais beaucoup de mal à écrire ou à placer l'un de mes textes, le temps des moissons semblait déjà derrière moi, j'avais eu ma chance, l'avais laissée passer et avais échoué. Comment aurais-je pu imaginer le miracle qui allait se produire dans ma vie à un âge si avancé[1] ? Comprenez-moi bien, *84, Charing Cross Road* n'a jamais été un best-seller. Ce livre ne m'a apporté ni la fortune ni la célébrité mais des centaines de lettres et de coups de téléphone de personnes dont j'ignorais jusqu'à l'existence, ainsi que de

1. En 1970, date à laquelle fut publié *84, Charing Cross Road*, Helene Hanff était âgée de cinquante-trois ans.

merveilleuses critiques littéraires ; il m'a également rendu la confiance en moi et l'amour-propre, tout cela perdu en chemin Dieu seul sait combien d'années auparavant. Ce livre m'a conduite jusqu'en Angleterre. Il a changé ma vie.

Les Grenfell disposaient d'excellentes places d'abonnement pour eux-mêmes et leurs amis australiens, et lorsque Joyce a appris que j'étais à Londres elle m'a invitée à me joindre à eux, même si cela obligeait Reggie à me laisser sa place et à voir la pièce du premier balcon – j'ai été horrifiée en l'apprenant.

Descendre l'allée centrale d'un théâtre aux côtés d'une célébrité est une expérience très particulière. Tous les yeux sont braqués sur elle, et lorsque nous nous sommes assis je pouvais sentir les cous se tendre dans sa direction.

Au début j'ai été choquée par la mise en scène de Peter Brook, à mi-chemin entre pièce de théâtre et cirque bruyant. Mrs. G fut immédiatement en extase. Moi, je ne cessais de m'inquiéter pour Puck : allait-il tomber de ses échasses ? Allait-il lâcher les assiettes avec lesquelles il jonglait ? Au milieu de l'acte II j'ai soudain été émue, et j'ai pensé : « Je suis offensée par ses choix mais j'aime le résultat. » Voir l'univers de Shakespeare exploser sur scène avec tant de force est follement stimulant.

Les Grenfell m'ont raccompagnée après s'être séparés de leurs amis australiens. Joyce a pris le volant car ils ont une nouvelle voiture et Reggie voulait qu'elle l'apprivoise.

Elle a vécu un cauchemar dans Bloomsbury. Les rues à sens unique rendent les conducteurs fous ; il faut contourner cinq pâtés de maisons avant de retrouver une rue vous ramenant dans la bonne direction. Et elle a REFUSÉ de me déposer sur Shaftesbury Avenue, du mauvais côté de Great Russell Street. Elle a également REFUSÉ de me déposer au coin de Bloomsbury Street, l'entrée de l'hôtel donnant sur Great Russell. Hors de question de ne pas me raccompagner à bon port. Après avoir zigzagué du nord au sud pendant une demi-heure, elle a triomphé de tous les obstacles et a accepté mes félicitations avec beaucoup d'élégance.

Elle m'a annoncé qu'ils partaient en vacances mais qu'ils seraient de retour le 13 juillet, pour sa réunion à l'église, car chaque mois elle participe à un débat avec un pasteur – sur des thèmes comme l'essence de l'amour ou l'essence de la beauté. Il s'agit d'un office de midi, en l'église Mary LeBeau, dans Cheapside.

« Pourquoi ne vous joindriez-vous pas à nous le 13 juillet ? Nous dînerions ensemble le soir même avant de faire un tour de la ville en voiture.

– Je ne suis pas certaine d'être encore à Londres à cette date, bien que j'espère prolonger mon séjour jusqu'au 15. »

Au cours de l'acte II, j'ai senti que je prenais froid. J'ai commencé à tousser, et j'ai failli m'étrangler en essayant de me retenir. Je me suis penchée vers Joyce pour m'excuser :

« J'ai combattu ce rhume pendant tout le week-end », lui ai-je murmuré.

Elle a réfléchi un court instant, s'est penchée vers moi et a murmuré à son tour :

« Ne luttez plus. »

C'est pourquoi je ne lutte plus. Assise bien droite dans mon lit, je tousse et je renifle, mais rien ne parviendrait à me déprimer. J'ai l'impression de vivre dans un état d'hypnose profond. À chaque fois que j'envoie une carte postale je pourrais inscrire « Euphorie » en guise d'adresse de l'expéditeur.

Mardi 29 juin.

Je suis dans la salle à manger, en train de boire ma quatrième ou cinquième tasse de café, et je me sens comme on se sent toujours les matins où un rhume se déclare enfin. Je m'apprêtais à téléphoner à Leo Marks pour annuler notre dîner, mais si je reste à l'hôtel toute la journée je voudrai sortir ce soir, alors j'ai préféré maintenir notre engagement : j'essaierai de ne pas leur tousser au visage.

La salle à manger se vide peu à peu ; chaque matin, entre 8 et 9 heures, elle est absolument bondée et les serveurs ne savent plus où donner de la tête. Un « petit déjeuner complet à l'anglaise » est inclus dans le prix de la chambre, et nous n'en perdons pas une miette : jus de fruits ou céréales, œufs au bacon, pain grillé et confiture d'orange, thé ou café. (La serveuse vous demande : « Noir ou blanc ? »)

Parmi les habitués du petit déjeuner, on retrouve toujours l'équivalent britannique de Willie Loman[1], qui arrive de sa campagne pour faire des affaires, et une pluie de femmes entre deux âges, en provenance de tout le Royaume-Uni, qui voyagent seules (elles ne disent jamais Grande-Bretagne mais RU, Royaume-Uni). Plusieurs professeurs au teint pâle et au nez pointu accumulent assez de combustible pour affronter une journée entière de travail au British Museum ; ils ne déjeuneront certainement que d'un yaourt.

Ce matin, je remarque la présence d'une longue tablée de matrones écossaises accompagnées par un jeune pasteur propre comme un sou neuf. Ils sont à Londres pour assister à une conférence. Ces femmes se plaignent de n'avoir pas fermé l'œil à cause du bruit incessant des voitures dans la rue TOUTE LA NUIT. Pourtant je n'ai jamais dormi dans un endroit aussi calme. On voit bien qu'elles ne connaissent pas la Deuxième Avenue, où les camions circulent dès trois heures du matin.

De nombreuses familles russes et tchèques – leurs enfants sont aussi blonds que bien élevés – ont choisi cet l'hôtel. Ainsi que plusieurs groupes de touristes allemands entre deux âges, ce qui ne fait qu'empirer

1. Personnage d'une pièce d'Arthur Miller, *Mort d'un commis voyageur.*

les choses. (Les jeunes ne posent pas de problèmes : il n'y en a pas ici.) Tous les touristes prennent leur petit déjeuner en ne quittant pas la pendule d'un œil : ils doivent visiter la ville en car et les cars quittent l'hôtel à 9 heures précises. À 9 heures moins 2, cohue russo-germano-tchèque et exode massif vers l'entrée. Les Tchèques gesticulent en tous sens parce qu'ils ne comprennent pas les indications reçues, le guide allemand beugle *« Achtung ! »* et *« Halt ! »* afin d'aligner ses troupes. Les Russes trouvent leur car et s'y installent sans jamais perdre leur flegme.

Les seuls Américains présents dans l'hôtel à part moi ont fait leur première apparition ce matin à l'heure du petit déjeuner : trois étudiantes californiennes, blondes et bronzées, radieusement saines, se consultant l'une l'autre avec inquiétude – un « petit déjeuner complet à l'anglaise » est-il vraiment compris dans le prix de la chambre ? J'ai demandé à la serveuse une nouvelle tasse de café, et lorsqu'elles ont entendu mon accent américain l'une d'elles est venue à ma table afin d'obtenir quelques conseils. Que faut-il commander le matin ? Faut-il laisser un pourboire ? J'ai répondu non à cette dernière question car la direction ajoute 12 pour cent pour les pourboires à votre note. Alvaro était scandalisé lorsque j'ai voulu lui en laisser un dès le premier jour.

« Non ! Non ! Le service est compris ! » s'est-il écrié.

Je vais maintenant regagner ma chambre avec les

journaux du week-end passé – leurs définitions de mots croisés sont sataniques ! – et passer la matinée à « jouir de ma bonne santé », comme disait ma mère.

Délit lu dans un quotidien du samedi soir :

50 LIVRES D'AMENDE POUR UN PROFESSEUR
COUPABLE D'UN ATTENTAT À LA PUDEUR
SUR UNE JOUEUSE DE WIMBLEDON

Un professeur de cinquante-quatre ans qui enseigne la statistique à la London University a comparu aujourd'hui devant un tribunal. On l'accuse de s'être comporté d'une manière insultante au cours des championnats de tennis de Wimbledon. Il a dû s'acquitter d'une amende de 50 livres après avoir reconnu les faits : attentat à la pudeur sur le court n° 1. Patrick Doyle, un agent de police, a expliqué aux juges que l'accusé avait passé un bras autour des épaules d'une jeune fille de dix-huit ans avant de lui caresser les seins.

L'accusé, qui est marié, a ajouté :

« J'ai perdu la tête momentanément. Il est ridicule qu'un homme dans ma position se conduise de la sorte. »

Un arbitre de Wimbledon âgé de soixante-six ans a également été accusé de s'être montré insultant au cours de ces mêmes championnats. En fait, dix hommes ont comparu devant ce tribunal pour les mêmes motifs.

L'arbitre a été plus chanceux que les autres, sa photo a paru dans le journal.

Voici une petite annonce pour vous :

BUCKINGHAM PALACE. Poste vacant de plongeuse, cuisine principale. Annonce réservée aux femmes. Logement non prévu. Envoyer candidature au maître de la Maison royale, Buckingham Palace, Londres, SW1.

N'aimeriez-vous pas occuper ce poste ne serait-ce qu'un seul jour, juste pour entendre les potins ?

23 heures.

Leo Marks a téléphoné de la réception à 19 heures. Je suis descendue vêtue de mon ensemble en soie, le nez rouge et les yeux humides. Leo, un beau brun, m'a dit :

« Comment allez-vous ? Nous sommes très heureux que vous ayez pu vous joindre à nous. Prenez un manteau : il fait frais et il pleut. »

Je suis remontée chercher mon vieux manteau bleu.

« Cela gâche complètement mes effets de toilette. »

Ena, son épouse, minuscule et blonde, m'a consolée :

« Vous pourrez le retirer une fois au restaurant. Nous dînons dans un hôtel, vous le laisserez au vestiaire. »

Elle m'a scrutée du regard pour s'assurer que tout allait bien.

Derrière son apparence fragile, j'ai perçu une force incroyable. Elle pourrait être une petite athlète blonde mais elle est devenue portraitiste. Elle travaille sous son nom de jeune fille, Ena Gaussen. Leo m'a dit que diverses personnalités comme Hayley Mills [1] et Pamela Brown [2] avaient posé pour elle, et qu'Ena avait remporté nombre de distinctions. Elle a l'air si jeune !

Ils m'ont emmenée au Stratford, un hôtel vénérable et élégant dans le même esprit que le Plaza. J'ai bu deux martinis pour me dégager les sinus, et j'ai découvert que Leo était un buveur de gin. Il est également scénariste pour la télévision et le cinéma, et nous nous sommes aperçus que nous avions travaillé pour le même producteur, à différentes époques et sur des continents différents. Bref, nous avons parlé boutique. Cela n'a pas dérangé Ena ; elle pense que nous sommes tous les deux terriblement spirituels.

Il l'appelle « Demi-Portion ».

« Demi-Portion, reprendras-tu du homard ? »

Leo m'a demandé si je connaissais la pianiste Eileen Joyce.

« Elle vient d'être faite “Dame de l'Empire britannique [3]” et souhaite que Demi-Portion l'immortalise dans ses vêtements d'apparat. »

Alors qu'il était trop tard pour le voir, Ena m'a appris que l'un des films écrits par Leo passait dans un cinéma au coin de la rue. J'ai été très

1. Actrice anglaise née en 1946. On se souviendra surtout de sa prestation face à Deborah Kerr dans *Mystère sur la falaise* (1963).

2. Actrice et écrivain anglais née en 1924. Célèbre auteur de livres pour enfants.

3. Titre accordé par la reine.

impressionnée. À mes yeux, l'écriture cinématographique est de très loin la plus difficile.

« Dites-moi, a ajouté Leo, vous avez écrit un livre merveilleux. Pourquoi n'avions-nous jamais entendu parler de vous auparavant ? Qu'est-ce qui clochait avec votre travail ? Trop bon ou pas assez ?

– Pas assez », ai-je répondu.

Il a hoché la tête et nous avons changé de sujet. Je crois que c'est à cet instant précis que nous sommes devenus des âmes sœurs.

Quelle soirée merveilleuse ! J'aimerais les revoir mais je n'aurai jamais le culot de leur téléphoner pour leur proposer un nouveau rendez-vous. Tout voyageur doit se plier à certaines règles de courtoisie.

Nouvelle quinte de toux.

Mercredi 30 juin.

Si vous devenez célèbre, attendez-vous à ce qu'on vous demande trois fois au téléphone au moment du petit déjeuner. La première fois vous regagnez votre table et vos œufs sont froids, la deuxième fois vos œufs ont DISPARU, la troisième fois vous emportez votre assiette avec vous dans la cabine.

Joyce Grenfell a appelé pour prendre des nouvelles de ma toux.

« Soyez là le 13. »

Je lui ai dit que telle était bien mon intention. Le standardiste, qui a immédiatement reconnu sa voix, n'a pas transféré la communication dans la cabine.

J'ai répondu depuis la réception et il a failli s'évanouir, tout comme le caissier, lorsque j'ai tenu l'appareil de telle manière qu'ils puissent l'entendre dire « RegGEE ! » – elle avait besoin de lui pour une précision.

Puis ce fut le tour de Nora.

« Pourquoi ne venez-vous pas vous installer à la maison afin que je puisse vous soigner ? » s'est-elle exclamée au son de ma voix enrouée.

Il ne manquerait plus que ça ! Depuis la mort de Frank, elle travaille à plein temps.

Enfin le Colonel m'a annoncé que le sac de voyage « partait à l'instant » et qu'il me prendrait demain matin à 10 heures pour notre voyage à Stratford et Oxford.

Après le petit déjeuner, je suis allée acheter des Kleenex et du sirop pour la toux. Il y a toute une brochette de magasins sur Great Russell Street : une papeterie, un institut de beauté unisexe, une librairie pour cinéphiles et une épicerie indienne qui vend des produits diététiques. Sans oublier un foyer chrétien pour jeunes filles [1] et un marchand des quatre saisons, à même le trottoir. J'ai choisi quelques pêches, et tandis que j'attendais ma monnaie j'ai remarqué un panneau sous verre à l'extérieur de la papeterie. Ma monnaie empochée, je suis allée jeter un coup d'œil.

À première vue, il s'agit d'articles à vendre et de

1. YWCA : Young Women's Christian Association.

demandes d'emplois, mais vous découvrez très vite qu'il n'en est rien. Toutefois, les cœurs purs n'y verront rien d'étrange. Voici le contenu dans sa totalité.

Palpitations assurées. À vendre. Téléphoner.

Ex-actrice donne leçons. Français et un peu de tout. Téléphoner.

Mannequin homme. Tous services. Télévision, photo, latex, cuir. Cours de correction. Téléphoner.

Mannequin recherche positions insolites. Miss Coucher. Téléphoner.

À vendre : nouvelle poupée blonde et ravissante. Bouge et parle. Téléphoner.

Tom le dresseur donne leçons : maintien très strict. Téléphoner.

Française. Ancienne gouvernante, nombreuses positions. Recherche de nouveaux élèves. Des deux sexes. Téléphoner.

Recherche trois sacs à dos bon état. Prix raisonnable. Contactez le foyer chrétien pour jeunes filles de Great Russell Street.

19 heures.

Ena est arrivée à l'improviste à 17 h 30 avec un sac en papier contenant des citrons, en fruits et en jus, et du miel pour ma toux. Elle m'a dit qu'elle avait eu très envie de m'appeler et qu'elle n'avait pas lâché le téléphone de la matinée, mais que sa timidité l'en avait empêchée. Nous sommes toutes les deux trop inhibées. Elle m'a invitée à dîner en leur compagnie demain mais nous serons à Stratford, je ne serai de retour à Londres que vendredi. Elle n'a pas caché sa déception.

« Nous partons pour la campagne vendredi et nous ne reviendrons pas avant le 10 !

– Ne vous inquiétez pas. J'ai la ferme intention de prolonger mon séjour jusqu'au 15. »

Elle a eu l'air désolée.

« Vous ne pouvez pas repartir si tôt ! Nous venons à peine de faire connaissance ! Et lorsque vous n'aurez plus d'argent, pourquoi ne pas venir vous installer chez nous à la campagne ? Vous pourriez y passer tout l'été tranquillement et nous vous rejoindrions en fin de semaine, si bien sûr cela ne vous dérange pas ? »

Elle m'a scrutée du regard avec inquiétude. Les gens sont fous.

Elle vient de partir à l'instant retrouver Leo chez sa mère.

Le sac de voyage de la compagnie aérienne est arrivé, et j'ai téléphoné au Colonel pour le remercier. Il m'a conseillé de manger beaucoup :

« Il faut toujours nourrir un rhume. Si vous ne nourrissez pas suffisamment les germes, ils se vengeront sur vous. »

Je vais maintenant descendre à la salle à manger nourrir mes germes.

Plus tard.

J'ai commandé un « poulet Maryland », rien de plus qu'un émincé de volaille couvert de chapelure et frit aussi simplement qu'une côtelette de veau, servi avec une tranche de bacon et une saucisse grasse. Au dessert ce soir, « coupe jamaïquaine ». Je n'ai pas été tentée, contrairement au couple de la table voisine : un cookie, long et étroit, émergeant d'une boule de glace à la vanille, elle-même posée sur une tranche d'ananas en boîte. Aussi éloignée de la Jamaïque que le poulet l'était du Maryland. Mais quelqu'un m'a dit un jour qu'un restaurant parisien proposait des *« pommes à la French Fries*[1] *».*

Jeudi 1er juillet, Stratford, minuit.

J'écris au lit, dans une luxueuse chambre de motel : moquette, chaise confortable, télévision, coiffeuse et, dans la pièce voisine, une ravissante baignoire en carrelage mauve. La vie au Kenilworth n'a rien de comparable.

Je peux vous dire que mon colonel est l'homme le plus gentil, le plus attentionné du monde. Nous avons laissé Londres à sa grisaille habituelle, qui finit d'ailleurs par vous déprimer ; je lui ai dit que je commençais à être affamée de soleil, un peu comme un homme assoiffé ne rêve que d'eau. Nous

1. En français dans le texte. Jeu de mot intraduisible. *French fries* : pommes frites.

sommes partis pour les Cotswolds, et en milieu de matinée le temps s'est éclairci puis le soleil a fait une brève apparition. À ce moment précis, le Colonel s'est garé sur le bas-côté, il a sorti une chaise longue du coffre de la voiture et l'a installée sur l'herbe afin que je puisse profiter des rayons du soleil, ne fût-ce que quelques instants. Il m'a appris que sa femme était morte d'un cancer « après deux années d'enfer » ; il a dû être merveilleux tout au long de cette épreuve.

Nous sommes passés par Stoke Poges et il m'a raconté que le village abritait le cimetière de campagne décrit par Gray[1]. Son *Élégie* était le poème préféré de ma mère. J'aurais souhaité le visiter mais nous n'avions pas le temps de faire un détour.

Alors que nous roulions, il m'a raconté une histoire interminable concernant une veuve, l'une de ses connaissances, qui était tombée amoureuse d'un homme, et lorsque ce dernier l'avait invitée dans sa villa en Italie elle avait découvert qu'elle ne disposait d'aucune chambre personnelle : l'homme s'attendait à ce qu'elle partageât son LIT.

« Vous voyez où il voulait en venir ? J'aime autant vous dire que ce n'était PAS DU TOUT le genre de cette femme. Quel choc pour elle de découvrir que ce goujat n'attendait qu'UNE chose. »

Je me suis demandé pourquoi il avait cru bon de

1. Thomas Gray (1716-1771). Poète, auteur d'*Élégie écrite dans un cimetière de campagne.*

me raconter cette histoire puisqu'elle ne le concernait pas, et soudain j'ai réalisé que c'était sa manière à lui, avec son tact coutumier, de me rassurer, de me faire comprendre qu'il ne me priait pas de partager sa chambre à Stratford. Cela ne me serait jamais venu à l'esprit ; il est bien trop collet monté et vieille école, cela n'aurait pas été dans son caractère.

Il m'a dit avoir quitté le monde de l'édition pour soigner sa femme, et depuis sa mort il travaille à l'aéroport pour le plaisir.

« Si je repère un homme, son épouse et leurs grandes filles debout dans un coin, l'air abattu, je me dirige vers l'homme et lui demande : "Monsieur, laquelle de ces dames est votre épouse ?" Et il rayonne de joie ! Et elle rayonne de joie ! »

Le Colonel a hurlé de rire.

« Si j'aperçois un couple entre deux âges, l'air un peu déprimé, je vais vers eux et leur demande : "Salut les jeunes, vous partez en lune de miel ?" Si vous pouviez voir leur visage ! Ils savent que je les taquine, du moins certains, mais ne peuvent pourtant s'empêcher d'être ravis.

« Si je rencontre un enfant en train de pleurer – un grand aéroport est très fatiguant, et perturbant pour certains, ils sont affamés, ils veulent rentrer à la maison –, je m'approche et demande aux parents s'ils savent où je pourrais trouver une gentille petite fille, car la mienne est déjà grande. Alors je fais mine de découvrir la petite fille en larmes, je m'exclame qu'elle est absolument celle dont je rêve et je lui propose de se faire adopter par moi. »

Il conclut chacune de ses histoires par un rire tonitruant. Le plaisir à l'état pur.

Les Cotswolds correspondent exactement à l'idée que je m'en faisais : des étendues de campagne verdoyante ponctuées de villages typiquement anglais qui semblent n'avoir guère changé depuis le règne d'Élisabeth Ire. Nous avons déjeuné dans un pub à deux pas d'une église de campagne où, selon le Colonel, « Hampden [1] a commencé la révolution ». Je n'ai pas eu le courage de lui avouer que je ne savais pas qui était Hampden.

Il faut dépasser Oxford pour gagner Stratford, nous ferons marche arrière demain. Après avoir vu des panneaux indiquant la direction d'Oxford, je lui ai parlé de Great Tew. Il y a des années, j'ai reçu une carte postale – la photographie de cinq chaumières disséminées sur les flancs d'une colline – au dos de laquelle était écrit :

> Voici Great Tew. Vous ne le trouverez pas sur la carte. On ne le découvre qu'en se perdant sur la route d'Oxford.

C'était une vision tellement idéalisée de l'Angleterre rurale que je ne pouvais imaginer l'existence d'un tel village. J'ai détaillé cette carte postale des

1. John Hampden (1594-1643). Homme politique anglais célèbre pour avoir combattu aux côtés de Cromwell pendant la guerre civile.

heures durant. Je l'ai gardée pendant des années, collée à l'intérieur de mon anthologie de poésie anglaise.

« Eh bien ! s'est exclamé le Colonel, inspiré par ce défi, il ne nous reste plus qu'à trouver Great Tew et constater par nous-mêmes si le lieu est toujours préservé. »

Nous avons roulé à travers les Cotswolds jusqu'à des panneaux indiquant Tew et Little Tew, et au détour du chemin Great Tew est soudain apparu, comme sorti de ma carte postale : cinq vieilles maisons de pierre aux toits de chaume disséminées sur les flancs d'une colline. Le Colonel a précisé qu'elles remontaient à l'époque d'Henri VIII. Cinq siècles plus tard, elles sont toujours habitées : rideaux blancs et jardinières de fleurs aux fenêtres, massifs de roses sur chaque pelouse principale.

Il a garé sa voiture, la seule à l'horizon, et nous sommes allés faire un tour. Au bout de la route menant au village se dresse un seul et unique bâtiment, une salle faisant office à la fois d'épicerie et de poste. Nous avons décidé d'entrer. Dehors il n'y avait personne en vue, et à l'intérieur nous sommes tombés sur la seule propriétaire.

Le Colonel a acheté une glace, j'ai demandé un verre de lait et elle m'a tendu un quart de litre et une paille. Le Colonel lui a appris que j'avais fait « tout le trajet depuis New York » et que je désirais « particulièrement visiter Great Tew ». Pendant qu'ils bavardaient, je me cramponnais à mon quart de litre, obsédée par l'idée d'en boire au moins la moitié afin de ne pas froisser ses sentiments. Une fois ma mission accomplie, j'ai cherché du regard un lieu approprié où déposer ma bouteille, et je me suis aperçue que le magasin était soudainement envahi par des hommes coiffés d'une casquette et des femmes vêtues de robes imprimées. Je les ai laissés passer. Après s'être tous regroupés autour du comptoir, ils ont acheté des cigarettes et des journaux. Quelques enfants sont apparus à leur tour mais ils ont vite été jetés dehors par la propriétaire.

Dès qu'il eut fini sa glace, le Colonel a pris ma bouteille de lait et a bu la moitié restante comme s'il s'agissait d'un simple verre d'eau, puis nous sommes partis.

« Eh bien ! a-t-il dit alors que nous regagnions la voiture, nous serons leur principal sujet de conversation pendant un mois ! Avez-vous remarqué que le village entier était venu voir les extraterrestres ? Dès qu'ils ont remarqué que ma voiture était immatriculée à Londres, ils ont accouru. Avez-vous vu comment ils se sont débarrassés des enfants ? Il fallait faire de la place pour les adultes. Ils voient rarement des voyageurs d'une année sur l'autre. Quant à une New-Yorkaise : la première et la seule de toute leur vie ! »

Et nous ne sommes qu'à quelques heures de voiture de Londres.

Je savais, de la bouche même de tous ceux qui s'y sont rendus, que Stratford était un piège à touristes, aussi m'attendais-je au pire. Dès notre arrivée, nous sommes passés devant un immense panneau publicitaire annonçant le BAR À HAMBURGERS DE JUDITH SHAKESPEARE. Mon premier contact avec le lieu : le Colonel en est devenu cramoisi de rage. Cela ne m'a pas dérangée le moins du monde. Nous avons trouvé la maison de Shakespeare et j'ai pris un billet dans le seul but de gravir l'escalier en m'agrippant à la rampe, de parcourir sa chambre en caressant les murs et, une fois redescendue, de passer un moment dans cette cuisine qui l'a vu grandir. Bouleversant pour quiconque a l'anglais pour langue maternelle.

Nous avons vu *Beaucoup de bruit pour rien* dans le théâtre flambant neuf – mise en scène très conventionnelle et interprétation décevante. Le Colonel a dormi pendant presque toute la représentation et je ne l'en blâme nullement.

Je vais maintenant me glisser dans ma baignoire mauve ; nous partons pour Oxford demain à la première heure et je veux profiter au maximum du luxe offert par ce palace.

Vendredi 2 juillet.

J'ai visité Trinity College et j'ai traversé la cour intérieure, tout comme John Donne des siècles plus tôt ; j'ai visité Oriel et je me suis assise dans la chapelle de John Henry Newman. Mais vous ne pouvez imaginer ce que j'ai dû endurer avant d'y parvenir. Je crois que j'ai dû piquer une colère noire. Du moins je l'espère.

Nous sommes arrivés à Oxford peu avant midi. La maison des Davidson se situe dans une rue ombragée d'arbres, très typique des villes universitaires. Laura nous attendait. Elle nous a dit que le professeur travaillait à l'extérieur et que son fils David était à l'école.

« Il est en train de compter les heures, en attendant de nous rejoindre pour le thé. »

Elle a une voix gutturale et un accent étrange mais charmant ; elle est née à Vienne et a grandi en Angleterre. Tout comme son mari, elle a quitté enfant l'Allemagne de Hitler.

Elle a été très amusée par le Colonel, aussitôt rebaptisé le « Commahnder », car il lui rappelle Winnie l'Ourson. Malheureusement, à ce moment-là, j'avais déjà passé presque trente heures en sa compagnie, et je ne suis en rien équipée pour cela, pas même avec le meilleur ami que j'aie jamais eu sur terre, ce qu'il n'est pas. Au cours du déjeuner dans un pub du campus, il a déclaré (à propos de rien de précis, l'atmosphère d'Oxford, j'imagine) :

« Le peuple va bientôt réclamer la restauration de l'Empire britannique ! Un Égyptien m'a dit récemment : "Vous autres Anglais, comment pouvez-vous rester tranquillement à la maison alors qu'on a besoin de vous dans le monde entier ?" »

Cela n'a fait qu'envenimer les choses et j'ai répondu de manière violente. Cela a duré deux minutes, jusqu'à ce que Laura s'interpose avec tact entre nous, telle une mère de famille, et rétablisse l'harmonie.

C'est après le déjeuner que mes problèmes ont commencé.

« Pourrions-nous, s'il vous plaît, visiter Trinity et Oriel ? ai-je demandé.

– Nous devons d'abord voir la bibliothèque Bodléienne [1] », a répondu Laura.

Il s'agit d'un magnique édifice construit par Wren [2], et son mari, qui y travaillait, souhaitait me rencontrer. Nous nous y sommes donc rendus, j'ai rencontré le professeur et admiré la salle de lecture, son plafond voûté, ses escaliers et ses étagères d'une hauteur vertigineuse – tout cela très spectaculaire.

« Et maintenant, pouvons-nous visiter Trinity et Oriel ? ai-je redemandé, une fois dehors.

– Saviez-vous qu'en sous-sol la bibliothèque Bodléienne s'étend sur près de deux kilomètres ? » a répondu Laura en m'indiquant le tracé.

C'est alors que le Colonel s'est souvenu qu'il avait étudié, l'espace d'un été, à Wadham College.

« Vous devez absolument y aller. »

Puis d'un commun accord ils ont décidé de m'emmener au bout de la rue principale, chez Blackwell – une véritable institution –, car ils

1. Baptisée ainsi en hommage à Thomas Bodley (1545-1613) : on doit à cet érudit anglais la réorganisation de la bibliothèque d'Oxford.

2. Christopher Wren (1632-1723). Architecte anglais. Chargé de reconstruire Londres ravagée par le Grand Incendie (1666), il dirigea les travaux de la cathédrale Saint Paul et du palais de Kensington.

savaient combien j'étais intéressée par les librairies. (Une bonne fois pour toutes, que chacun se mette dans la tête que je ne suis pas intéressée par les librairies ! Seul le contenu des livres me passionne. Je ne flâne pas dans les librairies mais dans les bibliothèques, où il est possible de rapporter un livre à la maison et de s'y plonger. S'il y a coup de foudre, vous pouvez alors l'acheter chez un libraire.)

Alors que je vivais le plus beau jour de ma vie – j'étais enfin à Oxford –, ils m'ont traînée le long de la rue principale, me pointant du doigt chaque monument et chaque église construits par Wren (ici tout a été construit par Wren). Puis une fois chez Blackwell j'ai été containte de m'arrêter devant le plus petit présentoir, la moindre étagère. Enfin, Dieu seul sait pourquoi, je me suis retrouvée en train de parcourir la cour intérieure d'un lieu appelé Wadham. Et il se faisait de plus en plus tard, d'une minute à l'autre nous allions partir chez Laura retrouver son fils pour le thé et regagner Londres immédiatement après.

C'est alors que j'ai piqué une crise. Debout au beau milieu de la cour intérieure de Wadham, j'ai hurlé :

« QUAND ALLONS-NOUS ENFIN VISITER UN LIEU QUE JE SOUHAITERAIS VRAIMENT VOIR ? »

Laura s'est précipitée vers moi, adorable et compréhensive (elle a été assistante sociale).

« Le Commahnder est tout à sa joie. Wadham est son seul lien avec Oxford. »

J'ai alors répondu, non sans raisons :

« IL VIT EN ANGLETERRE ET PEUT S'Y RENDRE À N'IMPORTE QUEL MOMENT ! »

Elle a dit : « Chut ! Chut ! » et le Colonel s'est approché.

« Que se passe-t-il ? Un problème ? »

Après délibération, ils ont reconnu que j'étais dans mon bon droit.

« Est-il un lieu que vous souhaitiez particulièrement visiter ?

– Je suis certaine qu'Oriel existe bien, mais je n'arrive pas à le localiser sur mon plan », a précisé Laura.

Le Colonel a alors demandé si je ne confondais pas avec le Trinity College de Cambridge, où le prince Charles a poursuivi ses études.

J'ai répondu non le plus posément du monde, je pensais à John Henry Newman qui avait enseigné la théologie anglicane à Oriel avant de mourir cardinal de l'Église catholique. Il était un peu toqué, et de bien des façons, mais il écrivait l'anglais comme peu d'hommes sur terre. John Donne appartenait à la même élite, et tous deux avaient étudié au Trinity College d'Oxford. Je souhaitais donc visiter ces lieux.

En sortant de Wadham, nous sommes restés un moment dans un coin et Laura a étudié de nouveau son plan. Bien sûr, elle a fini par trouver Oriel. Nous nous y sommes rendus et je me suis assise toute seule dans la chapelle, communiant en pensée avec John

Henry. (Je devais apprendre plus tard qu'à l'extérieur le Colonel me traitait d'« enfant complexée et caractérielle ».)

Puis nous sommes allés à Trinity et j'ai traversé la cour. Rien de plus. Les touristes ne sont pas admis à l'intérieur.

À moins d'être passionné d'architecture, visiter Oxford est très frustrant. Seules les cours sont ouvertes au public, ainsi que la chapelle, contiguë à l'entrée principale. Tout le reste est interdit. Je n'ai donc pu visiter leurs chambres d'étudiants et je ne saurai jamais si oui ou non « des gueules-de-loup à foison » poussent encore à l'extérieur des fenêtres, comme c'était le cas à l'époque de Newman. Et je ne verrai jamais les pièces où Milton écrivait ni celles où Q enseignait, car Cambridge est tout aussi strict avec les visiteurs.

Nous avons regagné la maison de Laura, cinq minutes avant l'arrivée de son fils de quinze ans, David, à bout de souffle et cherchant à reprendre haleine. Il avait couru jusqu'à chez lui dans le seul but de me rencontrer. Je n'ai jamais été aussi flattée de ma vie.

Le Colonel a pris une tasse de thé puis s'est retiré dans l'une des chambres pour faire un somme. Laura, David et moi, assis dans la cuisine, avons échangé nos impressions sur Philadelphie, dont ils sont originaires et où j'ai grandi. Ils y retournent en septembre.

Laura, qui s'est soudain sentie très coupable de

tout ce qui s'était passé dans la journée, m'a suppliée de revenir discrètement en train un jour prochain afin de visiter seule Oxford. (« Ne prenez même pas la peine de nous prévenir si vous ne le souhaitez pas », a-t-elle ajouté, et David s'est empressé de dire : « Pourquoi ne nous préviendrait-elle pas ? »)

« J'ai vu tout ce que je souhaitais voir au monde », et dans les limites du possible c'est vrai.

Sur le chemin du retour, nous sommes passés par un village appelé Thame – cela se prononce comme cela s'écrit, dites *same* en zézayant –, et le Colonel m'a expliqué pourquoi Thames[1] se prononçait Temmes. Il semblerait que le premier roi Hanovre, ayant un accent allemand à couper au couteau, ne parvenait pas à prononcer le son *th*. Et, puisque-le-roi-a-toujours-raison, cette prononciation fut définitivement adoptée.

Le Colonel a évoqué toutes les veuves – visiblement très fortunées – qui dépendent de ses bons conseils. Leurs enfants l'adorent. Nous sommes arrivés à 21 heures. Ma reconnaissance lui est acquise à vie même si je ne suis pas faite pour passer autant de temps avec quelqu'un. Je me suis glissée jusqu'au bar pour écrire ce compte rendu. Le salon est plus confortable et convivial, mais quiconque m'adresserait la parole ce soir ne me tirerait pas deux mots.

1. La Tamise.

Une pile de messages m'attendait à la réception. Marc Connelly[1] a téléphoné, ainsi que le bureau londonien du *Reader's Digest*, sans oublier Barbara, l'amie de Nikki, et une femme dont je n'avais jamais entendu parler. Le réceptionniste a été très impressionné par tous ces appels. Et moi donc !

Samedi 3 juillet.

Je viens de téléphoner à Marc Connelly. Il était déjà un dramaturge tout-puissant dans mon enfance ; à cette époque mes parents ne vivaient que pour aller au théâtre. J'aurais tant aimé qu'ils soient encore en vie pour lire la lettre de fan qu'il m'a envoyée. Elle est arrivée au courrier peu avant Noël, et j'ai failli la jeter sans même l'ouvrir. Son nom figurait sur l'enveloppe d'une association caritative quelconque, et j'ai pensé qu'il s'agissait d'une sollicitation de plus. Alors que je m'apprêtais à m'en débarrasser dans la corbeille à papier, je me suis soudain aperçue que l'enveloppe était bien mince pour un formulaire d'association caritative. C'est pourquoi je l'ai ouverte.

Chère Miss Hanff,

Avec tout le courrier que vous recevez (combien de gens reconnaissants vous ont-ils écrit à ce jour ?

1. Marc Connelly (1890-1980). Dramaturge américain, auteur des *Verts Pâturages.*

Un million ? Deux millions ?) je me doute que vous ne me lirez pas avant un an ou plus.

Quoi qu'il en soit, vous découvrirez tôt ou tard que je ne fais pas exception à la règle : je tenais à vous dire que *84, Charing Cross Road* est à la fois tendre et drôle, d'une beauté incandescente, et que le lecteur se réjouit de vivre dans le même siècle que vous.

Génuflexions,

Marc Connelly.

Et dire que j'avais failli la jeter sans l'ouvrir !

Nous nous sommes rencontrés quelques mois plus tard, et il m'a appris qu'il serait à Londres en juillet. Il est descendu à son club et propose de me faire découvrir l'une de ces institutions strictement réservées aux *gentlemen.*

Il viendra me prendre demain à l'heure du déjeuner.

Impossible de joindre avant lundi Barbara, l'amie de Nikki, ou le *Reader's Digest* – les bureaux sont fermés le samedi. Nikki – souvenez-vous, Chester-le-chien-de-berger s'était assis sur son œuf au curry lors de notre pique-nique dans Central Park – collabore à un magazine à New York. Barbara travaille pour la même parution à Londres. Les deux jeunes femmes ne se sont jamais rencontrées mais elles communiquent chaque jour par téléscripteur, elles sont donc devenues bonnes amies. Nikki m'a fait promettre de la contacter lors de mes vacances.

Je peux prolonger mon séjour jusqu'au 15 sans

me faire trop de souci financièrement, les invitations à dîner arrivent toujours à point. Je viens de téléphoner à cette femme dont je n'avais jamais entendu parler et qui a laissé un message pendant mon absence. Elle est, tout comme son mari, une inconditionnelle de mon livre et ils souhaitent m'inviter à dîner et me faire visiter le quartier de Londres où ils vivent. Nous nous verrons mardi.

Tous les touristes qui prennent leur petit déjeuner à l'hôtel ont aperçu un membre de la famille royale, moi seule exceptée. (Comment puis-je le savoir ? Chacun se parle ici, après l'inévitable entrée en matière : « Pardonnez-moi de vous déranger, pourrais-je avoir la marmelade ? ») Soit ils ont vu la famille royale partir pour Windsor, soit ils ont pris un ascenseur chez Harrods au moment même où la reine mère en sortait, d'autres encore ont vu la princesse Anne faire un signe de la main sur le seuil d'un hôpital, d'autres enfin sont passés complètement par hasard devant l'école du prince Edward au moment de la sortie des classes. C'est pourquoi ce matin je vais moi aussi tenter ma chance. Direction Buckingham Palace.

22 heures.

Une fois sur place, j'ai longé les grilles dans les deux sens mais je n'ai rien vu d'autre qu'un anachronisme de plus : un carrosse du XVIIe siècle tiré par des chevaux blancs et conduit par un cocher de bal costumé a pénétré dans l'enceinte avec à son bord deux diplomates – regard froid et hauts-de-forme –, une cigarette éclairant leurs visages du XXe siècle.

Il me semble que la famille royale est traitée de manière pour le moins déconcertante. Ses membres vivent dans des palais farouchement protégés des regards, car clôtures, jardins, grilles et gardes sont censés leur assurer une intimité sans faille. Et pourtant tous les quotidiens de la ville affichent en gros titre : LA PRINCESSE ANNE S'EST FAIT ENLEVER UN KYSTE OVARIEN. Voilà une jeune fille élevée dans une place forte imprenable et dont pourtant les ovaires n'ont aucun mystère pour tous les buveurs de bière de tous les pubs du pays.

Je suis rentrée à pied en passant par Lincoln's Inn Fields, un parc longeant les collèges d'avocats et faisant face à une ravissante succession de maisons, toutes situées sur une rue appelée King's Bench Walk. Je me suis assise sur un banc et j'ai admiré les façades en écoutant les conversations des passants :

« … eh bien, pas vraiment lourdaud, il ressemble à un rabbin des Highlands… »

« … mais cela ne la menait nulle part, alors elle a décidé d'y renoncer, et maintenant elle est à la maison, l'air… »

« Ils sont tous en train d'essayer de sauver leur chemise. On prend des paris ! »

Retour au bar de l'hôtel. En général je ne bois jamais après le dîner, mais ici vous passez pour bizarre si vous buvez *avant*. Il est 22 heures et me voilà en train de savourer un martini. Enfin, un martini…

Le soir de mon arrivée, j'ai demandé au jeune barman :

« Un martini, s'il vous plaît. »

Il a pris une bouteille de vermouth Martini & Rossi et m'a servi un verre plein avant que j'aie eu le temps de crier : « ATTENDEZ UN INSTANT ! »

« Excusez-moi, mais pourquoi n'avez-vous pas versé d'abord le gin ?

– Oh ! Vous voulez un *gin* martini. »

Il est allé chercher la bouteille de gin et un shaker.

« Auriez-vous la gentillesse d'ajouter de la glace ? Question de température.

– Entendu ! »

Il a mis un glaçon dans le shaker, a versé un soupçon de gin et une demi-tasse de vermouth, a mélangé le tout, avant de me servir ce breuvage d'un geste théâtral. J'ai réglé ma consommation et me suis traînée vers une table, me reprochant à moi-même :

« Ne sois pas comme tous ces touristes américains incapables de s'adapter aux usages d'un autre pays. Contente-toi de le boire. »

Personne ne le pourrait…

La fois d'après, je suis revenue à l'heure du dîner. Le lieu était désert et je me suis liée d'amitié avec le barman.

« Êtes-vous l'Écrivain ? »

Il s'appelle Bob.

« Est-ce que cela vous dérangerait si cette fois nous suivions ma recette et non la vôtre ?

– D'accord ! »

Je lui ai montré ce que je désirais exactement.

Tout d'abord, quatre glaçons au fond du shaker. Il a pensé que j'étais folle, nous avons dû nous contenter de trois (il était à court de glace). Puis il a versé un soupçon de gin.

« Bon ! Doublez la dose. »

Il m'a dévisagée, a secoué la tête tant son incrédulité était grande, tout en s'exécutant.

« Allez, encore un peu plus.

– ENCORE plus de gin ? s'est-il écrié.

– Absolument, et veuillez baisser d'un ton. »

Il a suivi mes instructions, dodelinant toujours de la tête. Puis il a pris la bouteille de vermouth.

« Je m'en occupe », ai-je dit.

J'ai ajouté quelques gouttes de vermouth, ai mélangé vigoureusement le tout, et l'ai laissé me servir un verre avant de lui faire part de ma satisfaction.

Maintenant il les prépare à ma manière mais je sens bien que la troisième dose de gin lui fend le cœur ; il s'attend à chaque instant à me voir rouler sous la table, ivre morte.

Dimanche 4 juillet.

Humeur mélancolique. Je repense à l'Amérique d'avant la guerre du Vietnam, j'étais si fière de l'histoire de mon pays. Le 4 Juillet avait alors une vraie signification.

Marc Connelly est venu me prendre à 13 heures. Je portais la jupe marron et le blazer blanc, et il m'a complimentée – « Comme vous êtes élégante en petit marin ! » – avant même de me dire bonjour.

« Nous déjeunons au Hilton car tout est fermé. »

Il avait réservé une table dans la plus grande salle à manger de l'hôtel. Foule très élégante, hommes tirés à quatre épingles et femmes vêtues avec raffinement ; personne n'avait l'air négligé, comme c'est le cas au Kenilworth. Les fraises étaient énormes, la crème épaisse à souhait, les petits pains sortaient du four et le beurre du réfrigérateur, sans oublier les foies de volaille préparés à la perfection.

Mais au Kenilworth personne ne renvoie les œufs en cuisine. Personne ne s'adresse aux serveurs avec tant de grossièreté, une vieille habitude qui semble vouloir dire : « Je te suis supérieur car je suis plus riche que toi. » Et les serveurs ne répondent pas avec ce mélange étudié de mépris et de servilité, pas un seul n'est obséquieux – mon Dieu ! Alvaro ne saurait même pas prononcer le mot. Au Kenilworth, personne à l'heure du petit déjeuner n'afficherait un air aussi amer ou mécontent, aucun homme ne passerait son déjeuner à boire le regard maussade, aucune femme – la dureté du visage accentuée par le maquillage – ne garderait ainsi les yeux fixés sur son sac à main.

Après un tour d'horizon de la salle à manger du Hilton, vous avez d'abord envie de gifler ses occupants avant de les plaindre sincèrement. Pas une seule âme heureuse dans cette pièce !

Ensuite Marc m'a fait visiter son club de Saint James's Street. Vu de la rue, l'édifice a l'air étroit. Mais une fois passée la porte d'entrée, vous pénétrez dans un grand salon qui donne à son tour sur d'autres pièces. Nous avons gravi un immense escalier incurvé, longeant un mur où s'alignaient les portraits des divers présidents du club – ils ressemblaient tous à Peter Ustinov. À l'étage, de nouvelles pièces spacieuses vous attendent – salle à manger, salles de jeux, salles de lecture. Nous avons regardé un match de cricket sur un téléviseur couleur, dans l'une des salles de jeux. Moi du moins, car Marc est allé faire un somme. Il a quatre-vingts ans, c'est bien naturel.

Je l'ai réveillé à 15 heures pour lui dire au revoir et il m'a dit gaiement :

« Maintenant vous savez ce que je pense du cricket ! »

Il m'a raccompagnée jusqu'à la porte en me conseillant de descendre Jermyn Street et de faire du lèche-vitrine.

J'ai suivi son avis, puis j'ai marché jusqu'à Waterloo, direction Saint James's Park, où je suis tombée sur – devinez qui ? – la statue du chevaleresque Johnny Burgoyne [1], de petite taille mais sur son trente et un, debout dans un coin sur son piédestal. Il a perdu la bataille de Saratoga face à nous, les rebelles. Je crois qu'il était supposé se rallier aux troupes d'autres généraux mais que, victimes du chaos ambiant, ses hommes ont tous été capturés. Étant lui-même dramaturge, il serait enchanté de savoir qu'il est de très loin le personnage le plus sympathique du *Disciple du diable* [2]. Il a écrit une pièce, montée à Boston, avec ses propres officiers dans la distribution – une évocation de l'occupation de la ville par ses troupes. Je ne sais vraiment pas pourquoi les Britanniques lui ont érigé une statue. J'imagine qu'il a dû remporter une bataille ailleurs étant donné qu'il est bien le seul responsable de la défaite de son pays lors de la révolution américaine.

Je lui ai souhaité un joyeux 4 Juillet.

Lorsque j'ai atteint le Mall, un orchestre était en train de jouer. En hommage à notre fête nationale, ils ont interprété *Dixie* et l'*Hymne du combat pour la république.* Pourquoi pas ? J'ignorais l'existence de Hampden, pourquoi devraient-ils savoir que le 4 Juillet ne célèbre pas la guerre civile ?

J'ai pris un bain de soleil dans Saint James's Park mais, l'orchestre enchaînant morceau sur morceau,

1. John Burgoyne (1722-1792). Général et écrivain anglais. Il capitula à Saratoga le 17 octobre 1777 face aux insurgés américains. Auteur de divers pamphlets et comédies.

2. Pièce (1897) de George Bernard Shaw.

je n'étais pas d'humeur à m'attarder, alors j'ai préféré marcher jusqu'à Lincoln's Inn Fields. Impossible de descendre les immenses marches de marbre envahies par le public qui assistait au concert ; j'ai donc contourné le Mall à la recherche d'une sortie. J'ai dû malgré tout me frayer un chemin au milieu de la foule avant de me retrouver dans Carlton Gardens, une rue superbe qui regroupe des maisons reconverties en appartements somptueux. Cela rappelle un peu Sutton Place : les bâtiments, les voitures de luxe garées sur le bas-côté, les gouvernantes amidonnées poussant leur landau, tout cela empestant l'argent. J'en ai fait le tour et je crois avoir longé la rue contiguë – je n'en suis pas certaine. Après avoir tourné au coin, je me suis retrouvée dans une rue où je n'étais jamais allée et où je ne tiens nullement à revenir.

J'étais perdue. Aucune plaque n'indiquait son nom. S'agissait-il seulement d'une rue ? Je parlerais plutôt d'une cour ceinturée de murs, un cul-de-sac derrière Clarence House et Saint James's Palace. S'y dressaient des bâtiments blancs parfaitement anonymes que l'on pouvait prendre pour la façade arrière d'un palais. La pierre blanche rayonnait fastueusement au soleil et l'endroit était absolument silencieux. (Un bruit de pas se fait entendre et vous vous figez sur place, le souffle coupé.) Ce lieu n'empestait pas l'argent mais il s'en dégageait un calme sacré que seul confère le privilège de la naissance. Vous viennent aussitôt à l'esprit des histoires de rois et de reines, la grande époque de la monarchie britannique dans tout son faste, de vrais contes de fées. Et vous repensez soudain à Karl Marx inhumé dans une tombe paisible de Highgate, à la reine Mary accueillant Gandhi – tout comme elle avait reçu les rajahs avant lui –, mais aussi à George III, obligé de donner audience à ce vieux parvenu de John Adams [1], nommé ambassadeur à la cour de Saint James. On est frappé par de tels contrastes, par le fait que Saint James's Palace et Clarence House reposent avec tant de sérénité sur le sol d'une Angleterre socialiste.

Mieux vaut ne plus utiliser le mot « anachronisme » dans un pays où un carrosse du XVIIe siècle pénètre dans l'enceinte de Buckingham Palace avec à son bord des diplomates russes ou africains du XXe siècle sur le point d'être accueillis par une reine. Ce mot sous-entend une confusion entre le présent et un passé mort depuis déjà longtemps. Or ici le passé est loin d'être mort. L'Histoire, comme ils disent, est bien vivante. À Londres, elle se porte comme un charme.

Lundi 5 juillet.

Barbara, l'amie de Nikki, a téléphoné ce matin ; nous avons pris rendez-vous pour déjeuner vendredi

---

1. John Adams (1735-1826). Ambassadeur des États-Unis à Londres (1785) puis président de 1797 à 1800.

prochain. Je lui ai demandé de poser deux questions à Nikki par téléscripteur, elle me communiquera les réponses lors de notre rencontre.

J'ai appelé le bureau londonien du *Reader's Digest* et une jeune femme m'a appris qu'ils s'apprêtaient à publier mon article sur le courrier envoyé par mes lecteurs.

« Vous n'évoquez que vos admirateurs américains, n'en avez-vous pas en Angleterre ? »

L'ombre du Colonel... Je lui ai expliqué que je l'avais écrit avant de recevoir des lettres d'admirateurs anglais.

« Envisageriez-vous, si cela n'est pas trop une corvée, d'ajouter une ou deux pages sur le sujet ? »

Le numéro part à l'imprimerie dans quelques jours, il faudrait que je rende ma copie demain.

« Est-ce possible ? »

J'ai eu envie de lui dire : « Jeune fille, pour la première fois de ma vie j'ai pris des vacances, et il ne me reste plus que dix jours ! » Mais malheureusement, j'ai soudain réalisé que je n'aurais jamais pu m'offrir ce séjour sans le *Reader's Digest*, alors j'ai répondu que ce serait un plaisir.

Je vais maintenant me traîner jusqu'aux éditions Deutsch et leur emprunter une machine à écrire.

Plus tard.

J'ai écrit trois pages, je les ai portées au *Digest* – leur bureau se trouve dans Berkeley Square – et je suis rentrée à pied, empruntant un nouvel itinéraire qui part du haut de mon plan jusqu'à l'hôtel en passant par Regent's Park. Quelque part en chemin, je suis tombée sur une impasse ; la grille d'entrée était ornée d'un panneau s'adressant aux passants. Le message n'y allait pas par quatre chemins :

RESPECTEZ LES DROITS DE VOS VOISINS

Plus je le fixais du regard, plus je saisissais l'étendue du sujet : salir les rues, organiser un cambriolage, envahir le Vietnam, le champ est vaste.

À mon retour à l'hôtel, une lettre m'attendait à la réception :

> Pouvez-vous être ici mercredi à midi pile pour une visite de deux châteaux historiques ?
> À très vite.
>
> PB.

Mary Scott vient de téléphoner. Au printemps dernier, elle m'avait écrit pour me dire que chaque année elle passait la belle saison à Londres avec son mari – ils sont tous deux californiens –, et elle me propose une visite de la ville à pied. Elle a eu des invités pendant un mois, ils viennent de partir et elle est enfin libre pour notre promenade. Elle viendra me prendre jeudi matin et nous dînerons chez eux le soir même. Demain, je dîne avec le couple écossais qui a laissé un message pendant mon séjour à Stratford, et les Scott me nourriront jeudi, alors je peux courir m'offrir une séance chez le coiffeur avec l'argent économisé.

Mardi 6 juillet.

Je me suis fait coiffer dans un petit salon de Paddington Street, à la sortie de Regent's Park.

« Êtes-vous américaine ? » m'a demandé la ravissante coiffeuse.

Affirmatif.

« Que pensez-vous de Londres ? N'êtes-vous pas gênée par le bruit et la foule ? »

Par le quoi ?

Pour une grande ville, Londres est incroyablement tranquille. La circulation est pire qu'à New York à cause des rues qui sont si étroites, mais les voitures y roulent paisiblement et l'on ne croise pas de camions – un décret municipal leur interdit de circuler. Même les sirènes sont timides. Les ambulances émettent un *BlooOOP ! BlooOOP !* comparable à un morse qui serait en train de pleurer sous l'eau.

Je n'ai rien vu ici, même en bus, qu'un New-Yorkais associerait à une foule.

Minuit.

J'ai été invitée à dîner par des admirateurs anglais, un couple charmant qui vit dans un des *mews* de Kensington. À l'origine, ils accueillaient écuries et garages, mais il est actuellement très à la mode de les reconvertir en habitations modernes. Tout le monde veut vivre dans une maison aménagée dans une ancienne écurie, c'est tellement chic !

Malheureusement, ces corps de bâtiment ont été construits en pierre sans la moindre fenêtre. Et les chevaux n'étaient guère intéressés par les problèmes de plomberie ou d'éclairage. Vous achetez l'une de ces écuries, vous vous tuez à transformer un ancien box en une cuisine très insolite (étriquée entre deux murs de pierre d'une hauteur vertigineuse) ; vous installez l'eau et l'électricité, ainsi qu'une salle de bains, jusque dans ses moindres détails, et lorsque tout est terminé il vous est impossible de percer une fenêtre tant les murs de pierre sont épais. Il ne vous manque plus rien, sauf l'air et la lumière.

Ils vivent dans une charmante petite écurie mais ils m'ont expliqué gaiement qu'en été il y fait si chaud qu'ils s'en échappent le plus souvent possible après dîner. L'hiver, ils y gèlent sans chauffage ; ils étoufferaient si on l'installait.

Ils ont pour voisine Agatha Christie, qui vit dans des conditions tout aussi confortables, quoiqu'elle soit bien plus âgée.

Absolument démentiel !

J'ai eu droit à une darne de saumon de premier choix, puis nous avons roulé à travers Chiswick – qui se prononce *Chizzick* – jusqu'au Strand, que nous avons descendu à pied. Il s'agit d'une avenue ravissante qui surplombe la Tamise, vous pouvez dévaler les marches des maisons et plonger dans le fleuve. Ces demeures, qui ont été construites par Charles II pour y abriter ses maîtresses, sont superbes, tout en ayant du charme. Elles sont également hors de prix et très recherchées. Les privilégiés qui y vivent excitent bien des jalousies, comme si la Tamise ne débordait pas de temps à autre, inondant leur salle de séjour.

Je ne me souviens plus de ce dont nous parlions, mais j'ai soudain évoqué Central Park et mon hôtesse m'a alors dévisagée avec horreur.

« Vous voulez vraiment dire que vous vous promenez dans Central Park ? Je croyais qu'on s'y faisait assassiner à chaque instant. »

J'ai répondu que je m'y rendais chaque jour, et leur ai proposé une visite guidée si jamais ils venaient à New York. Ils m'ont raconté que l'année dernière ils avaient passé trois jours au Plaza sans oser mettre le nez dehors de peur d'être tués. Ils n'ont pas descendu la Cinquième Avenue. Ils n'ont pas vu Central Park, même à l'abri d'une calèche. Ils n'ont pas visité le moindre gratte-ciel. Ils se sont refusé une visite de la ville en bus.

Ils n'ont jamais quitté leur chambre.

« Nous étions vraiment trop terrifiés ! » a-t-elle ajouté.

Depuis que je suis arrivée à Londres, on a découvert les corps de trois collégiens criblés de balles pendant leur sommeil dans un camp de vacances ; une jeune fille a été retrouvée poignardée à mort dans son appartement, et j'ai vu dans toute la ville des panneaux portant la mention VERROUILLER LONDRES. J'ai interrogé PB à leur sujet et il m'a raconté qu'il s'agissait d'une campagne incitant les Londoniens à verrouiller portes et fenêtres dès qu'ils s'absentent en raison d'une vague de cambriolages ; les appartements de trois de ses amis ont été visités en un seul week-end.

La criminalité est cent fois pire à New York. Nous devons probablement faire face à plus de meurtres et d'attaques à main armée en une seule semaine que Londres en un an. Cependant, et on en pensera ce qu'on voudra, jamais un arbitre ou un supporter du Shea Stadium ne quitterait des yeux le terrain de base-ball pour essayer d'embrasser une fille. Et jamais un chien new-yorkais n'attaquerait trois enfants dans la rue, tuant l'un d'eux, comme c'est arrivé ici la semaine dernière.

Bien sûr, la vie est difficile dans le monde entier. Plus difficile encore à New York. Mais pas difficile au point de justifier l'attitude de deux Londoniens cloîtrés dans leur chambre d'hôtel pendant une semaine et *refusant* la seule chance qu'ils auraient jamais de visiter la ville la plus fabuleuse jamais créée au XXe siècle.

Un de ces jours, je vais écrire un livre sur la vie à New York ; il se déroulera dans un immeuble de seize étages où vivront des familles, des célibataires, des jeunes femmes rêvant d'une carrière, un idiot-du-village de dix-neuf ans et un portier qui saura par cœur les prénoms de chacun des vingt-sept chiens de l'immeuble, ainsi que le numéro d'appartement de leur propriétaire. J'en ai plus qu'assez d'entendre dire combien il est effrayant de vivre à New York, surtout venant de gens qui n'y ont jamais vécu.

Mercredi 7 juillet.

PB m'a fait visiter Syon House, la demeure des Northumberland, cette famille déplorable qui a essayé de faire monter Jeanne Grey [1] sur le trône et qui s'est ralliée à Marie Stuart contre Élisabeth. Je n'ai jamais rien vu de comparable aux roseraies du parc : des hectares de roses de couleurs différentes forment un arc-en-ciel spectaculaire. PB m'a dit qu'il avait passé un week-end à la campagne chez des amis qui possédaient une roseraie sur deux niveaux, et qu'ils ne lui avaient pas offert ne fût-ce qu'une fleur en bouton à ramener chez lui. Les Londoniens regrettent de ne pas avoir de jardins en ville, ainsi PB et les autres locataires cultivent-ils quelques plantes en pots sur le toit de l'immeuble.

Nous sommes allés directement de Syon House à Osterly Park, autre demeure d'une grande famille – j'ai oublié laquelle. J'en apprends toujours un peu plus sur les maisons construites par Nash et sur les églises imaginées par Wren. Aujourd'hui à Osterly

---

1. Jeanne Grey (1537-1554). Elle fut reine d'Angleterre du 10 au 19 juillet 1553 puis fut détrônée par Marie Tudor et condamnée à mort.

Park, ce fut le tour des murs de style Adam[1] : des panneaux de bois poli recouverts d'une marqueterie aux motifs complexes. On pourrait passer des heures devant chacun d'eux sans pour autant en distinguer tous les détails. En un siècle dominé par les montres, les voitures, les avions et les horaires à respecter, il est difficile d'imaginer que jadis des hommes consacraient tant de temps et de patience pour parvenir à un tel résultat.

Sur le chemin du retour, PB m'a raconté qu'il avait travaillé par intervalles à Hollywood en tant que consultant sur des films dont les extérieurs étaient tournés en Angleterre. Imaginer PB à Hollywood, alors à son apogée, où tout était synonyme de mauvais goût et d'excès, est à première vue grotesque, mais à bien y réfléchir j'ai compris qu'il faisait partie de ces originaux qui se sentent chez eux dans n'importe quel contexte. Rien ne peut le déstabiliser. Il est allé partout et connaît la terre entière, il est très mondain – une douzaine de bristols attendent en permanence sur le dessus de la cheminée – mais il semble pourtant se tenir légèrement à l'écart des autres.

Une fois, il a dû traîner de force un architecte américain jusqu'en Angleterre, à la demande de

1. L'architecte Robert Adam (1728-1792) et son frère James (1730-1794) introduisirent en Angleterre la vogue des styles grec et pompéien.

l'Essex House de New York qui redécorait son bar et souhaitait recréer l'atmosphère d'un pub anglais.

« Ils ont envoyé quelqu'un dans le seul but de me rencontrer et je lui ai fait visiter les plus beaux pubs du pays. Il est reparti pour New York, a dessiné les plans et me les a fait parvenir. Je vous les montrerai une fois à la maison. »

Nous sommes arrivés à Rutland Gate et j'ai vu les dessins, absolument merveilleux : un pub tapissé de bois, des tables et des bancs d'origine, et enfin un bar à l'ancienne, élevé et surmonté de tonnelets. Le lieu respirait la convivialité et la douceur, et les différentes tonalités de bois patiné brillaient sous l'éclairage des lampes désuètes suspendues au plafond.

« Le pub existe-t-il toujours ? ai-je demandé.

– Oui, je le crois bien.

– Je m'y rendrai dès que je serai de retour à New York. Savez-vous à quoi ressemble l'endroit ? Vous a-t-il écrit pour vous en faire part ?

– Oh ! oui, a-t-il répondu de sa voix légère et réservée. Ils ont finalement choisi un mélange de plastique, d'acier et de cuir noir. »

Il part samedi passer une semaine au pays de Galles. Je ne serai plus à Londres à son retour.

Jeudi 8 juillet.

Promenade à pied avec Mary Scott dans Knightsbridge et Kensington. Nous sommes d'abord allées chez Harrods, que je n'avais pas encore visité. C'est un magasin incroyable, vous pouvez tout y acheter, d'une rivière de diamants à un tigre, car ils ont même un zoo. J'ai pensé à Chester, le chien de berger de mon immeuble : il vient de chez Harrods.

Au rez-de-chaussée se trouve un fleuriste, et si vous désirez une douzaine de roses il est possible de choisir chacune individuellement. Vous pouvez sélectionner des fleurs en bouton, à demi ou complètement ouvertes, et chaque rose peut être d'une couleur différente. J'ai perdu la tête en composant un bouquet à l'intention de PB afin d'égayer son appartement avant son départ pour le pays de Galles. Je ne savais vraiment pas comment le remercier autrement.

Nous avons flâné de *mews* en impasses, de jardins secrets en allées privées. Chelsea, Kensington et Knightsbridge me semblent bien plus conscients de leur charme que Regent's Park. Les Scott vivent dans le coin et j'ai dit à Mary que si j'avais la possibilité d'avoir un appartement à Londres je choisirais de m'installer dans les environs de Regent's Park. Elle m'a répondu que le vrai nom du quartier était Marylebone.

Ils ont un grand appartement dans Gloucester Place, et elle avait préparé pour le dîner une merveilleuse mousse de saumon gorgée de crème. Ici le saumon est un mets très raffiné ; on le sert pour faire honneur à ses convives, tout comme le filet mignon ou le homard aux États-Unis.

Je suis rentrée à l'hôtel vers 22 heures et j'ai eu le salon pour moi toute seule pendant une heure, mais la chance vient de m'abandonner. Une femme est arrivée à l'instant avec l'intention évidente d'entamer une conversation.

« Il faut absolument que vous visitiez le Temple [1]. Localisez sur votre plan Middle Temple Lane et vous découvrirez alors deux grandes portes blanches menant au Temple, divisé en Temple intérieur et Temple central. Le concierge vous montrera la pièce où Dickens a écrit *Les Grandes Espérances.* »

Ce n'était guère le moment de lui dire combien je trouvais ce roman ennuyeux – le genre de remarque qui vous brûle les lèvres mais que vous apprenez à garder pour vous, sinon cela jetterait un froid dans la conversation.

Elle m'a appris que les chevaliers de l'ordre des Templiers étaient inhumés sous l'église même, d'où son nom.

« Elle a été détruite pendant le Blitz, et après la guerre les ossements ont été exhumés puis regroupés en une tombe collective, sous le sol de l'église reconstruite. »

J'ai envie de voir tout ça par moi-même, et c'est une bonne chose car si cela n'avait pas été le cas j'aurais dû fuir le salon jusqu'à la fin de mon séjour : je crois bien qu'elle y passe toutes ses soirées.

Deux femmes viennent de faire leur apparition – petite trentaine, tirées à quatre épingles, profil

1. Situé entre la Tamise et Fleet Street, le Temple regroupe deux des quatre collèges d'avocats de la ville.

institutrice ; elles arrivent de Toronto – et il semblerait que la Templière leur ait conseillé une excursion bien différente de la mienne. Elles viennent de me dire Combien Elle Avait Raison. Greenwich en bateau. Le musée de la Marine.

La Templière vient d'ajouter que cela m'intéresserait aussi ; je suis américaine en effet et le musée possède des objets façonnés par les « pèlerins » qui prirent un bateau de Greenwich pour les États-Unis. J'ai toujours cru qu'ils étaient partis de Plymouth [1] mais je me suis bien gardée de dire quoi que ce soit. Je contrôle une envie folle de me tourner vers ces trois femmes et de leur lâcher, sur le ton de la conversation :

« Saviez-vous que lorsque les Pères Pèlerins ont découvert que l'un d'eux avait une liaison avec une vache, ils ont pendu non seulement l'homme mais aussi l'animal ? »

L'une des enseignantes m'a demandé si j'étais bien l'Écrivain. On leur a beaucoup parlé de moi à la réception. Accepterai-je de leur dédicacer un exemplaire de mon livre si elles parviennent à se le procurer d'ici demain ? Certainement. J'ai déclaré à une femme l'autre soir qu'elle venait de laisser passer l'occasion de posséder le seul exemplaire non signé actuellement en circulation. Elle s'est contentée

1. Les « pèlerins » quittèrent l'Angleterre du port de Southampton le 6 septembre 1620, à bord du *Mayflower*.

de me regarder, l'air déconcerté. Personne ne comprend mon humour.

Vendredi 9 juillet, Russell Square.

Un homme est arrivé à 10 heures afin de m'interviewer pour Radio London, et je les ai traînés jusqu'ici lui et son magnétophone. Hors de question de m'enterrer dans un hôtel sombre par une radieuse matinée d'été.

Il m'a raconté qu'une pièce sur Lord Nelson et Lady Hamilton avait été montée à Londres, au cours de la saison dernière, et qu'un exemplaire du texte avait été envoyé à Buckingham Palace. Il est revenu au bureau du producteur avec la mention suivante :

> Le duc d'Édimbourg pense que vous avez traité Lady Hamilton d'une manière très mesquine. La Reine réserve son jugement.

Ici, chacun y va de sa petite anecdote sur Philip. Ils sont fiers de lui car il est loin d'être coincé. J'adore cette façon qu'ont les Anglais de considérer la famille royale comme des parents – c'est un peu leur cousine Élisabeth, son mari et leurs enfants. C'est pourquoi chacun s'accorde le droit de les critiquer. Après tout les parents ne sont-ils pas faits pour ça ? Élisabeth, Philip et le prince Charles sont très populaires. Sentiments mêlés en ce qui concerne la princesse Anne ; la plupart des gens que j'ai rencontrés se tiennent sur la défensive. Vous demandez à un Anglais :

« À quoi ressemble la princesse Anne ? »

Il répond :

« Eh bien, il ne faut pas oublier qu'elle est très jeune, tout cela est encore nouveau pour elle, après tout elle n'a que vingt ans, on ne peut pas s'attendre à… »

Et vous avez seulement demandé :

« À quoi ressemble-t-elle ? »

Mais ils sont très impressionnés par ses talents de cavalière, ils s'exclament fièrement :

« Elle est assez douée pour représenter le pays lors de compétitions internationales ! »

Sentiments également mêlées (ce qui m'a surprise) en ce qui concerne la reine mère. Une femme m'a dit :

« Son image publique est un chef-d'œuvre de publicité. Un jour, j'étais à côté d'elle chez Harrods et nos yeux se sont croisés : je n'ai jamais vu de regard plus glacial. »

J'ai dû rentrer à l'hôtel pour mon rendez-vous avec Barbara, l'amie de Nikki. Elle n'aime pas le curry mais s'est montrée magnanine, nous sommes donc allées dans un restaurant de Charlotte Street dont c'est la spécialité.

Plus tard.

Un mot de remerciement m'attendait à la réception, à mon retour de Russell Square :

Les roses, absolument magnifiques, sont arrivées. Elles trônent sur mon bureau au moment même où j'écris ces lignes et parfument toute la pièce. Comme c'est délicat de votre part ! Merci. Je viens de parler avec Jean Ely, qui est arrivée, avec Ted, la nuit dernière à l'hôtel Connaught. Je l'ai remerciée de nous avoir présentés.

Je serai de retour le 18. Ne quittez pas Londres avant.

À très vite.

PB.

Je pars le jeudi 15.

Par téléscripteur

6 JUILLET 1971. À NIKKI DE LA PART D'HELENE. VIA BARBARA.

DEUX QUESTIONS.

PREMIÈREMENT : ALBUMS BANDES DESSINÉES ANDY CAPP ÉPUISÉS. AIMERAIS-TU QU'ELLE TE RAPPORTE QUELQUE CHOSE DE PLUS CULTUREL ?

DEUXIÈMEMENT : ELLE AIMERAIT CONNAÎTRE LES NOMS DES DEUX MEILLEURS RESTAURANTS INDIENS (CURRY) DE SOHO (COULEUR LOCALE SOUHAITÉE).

VIVANTE ET EN PLEINE FORME.

*

À BARBARA DE LA PART DE NIKKI.

MILLE FOIS MERCI POUR LE MESSAGE D'HELENE. SA CARTE POSTALE DONNE L'IMPRESSION QU'ELLE ASSISTE À UN BAL. L'AS-TU DÉJÀ RENCONTRÉE ?

*

PAS ENCORE MAIS JE DÉJEUNE AVEC ELLE VENDREDI. AS-TU PENSÉ AUX RESTAURANTS ?

*

JE N'AI PAS EU LE TEMPS D'INTERROGER MON AMI INDIEN. JE VIENS JUSTE DE RENTRER DE VACANCES. DIS-LUI QUE JE SUIS AMOUREUSE.

*

BONNE NOUVELLE. SALUT.

8 JUILLET 1971.

À BARBARA DE LA PART DE NIKKI.

MURGI KARI ET MURG MASALAM SONT DEUX BONNES ADRESSES.

POURRAIS-TU ÉGALEMENT LUI TRANSMETTRE CE MESSAGE DE KEN MILLS ?

AVONS PERDU TOUT ESPOIR D'ENCOURAGER LES DODGERS EN PREMIÈRE DIVISION. TU FERAIS MIEUX DE TE TOURNER VERS LE CRICKET. AMUSE-TOI BIEN.

MERCI. NIKKI.

*

OK, NIKKI, JE TRANSMETTRAI. SALUT.

9 JUILLET 1971.

À NIKKI, NEW YORK.

JE VIENS DE DÉJEUNER AVEC HELENE. PETIT MESSAGE RAPIDE.

LA DUCHESSE DE BLOOMSBURY STREET A DIT :

« NOM D'UN CHIEN ! COMMENT ONT-ILS PU PERDRE TOUT ESPOIR ? NOUS NE SOMMES QU'EN JUILLET ! »

LES METS VONT SE METTRE À GAGNER DÈS QU'ELLE LES ENCOURAGERA UNE FOIS DE RETOUR À NEW YORK.

LA DUCHESSE T'INTERDIT DE TE FIANCER AVANT D'OBTENIR SON CONSENTEMENT. ELLE DOIT D'ABORD L'EXAMINER DE LA TÊTE AUX PIEDS.

FIN.

Samedi 10 juillet.

Je crois que tous les gens qui travaillent devraient disposer de leur samedi après-midi, même si en Angleterre ils gèrent la question d'une manière loufoque.

Je suis allée chez Fortnum & Mason afin d'acheter de petits gages d'affection pour mes amis new-yorkais, et j'ai terminé mes achats à l'heure du déjeuner. Le magasin possède son propre restaurant, alors j'ai décidé de tenter le coup. Les gens faisaient la queue pour obtenir une table, mais il restait quelques places libres au bar, j'ai donc grimpé sur un tabouret et pris un menu. Mes voisins des deux côtés étaient servis par une jeune femme qui ne savait plus où donner de la tête. J'ai attendu qu'elle apporte à l'un d'eux une part de tarte et une tasse de thé, et lorsqu'elle s'est enfin tournée vers moi j'ai dit :

« Je voudrais un…

– Nous sommes fermés, madame.
– Vous êtes quoi ?
– Nous sommes fermés. »

Et elle m'a montré du doigt un serveur qui déposait un écriteau devant la porte, tout au début de la queue. À n'en pas douter, il devait porter la mention FERMÉ.

À midi pile un samedi, alors que le magasin, bondé de clients, était encore ouvert, le restaurant fermait ses portes. C'est ce que j'appelle être défendu par un bon syndicat.

J'ai visité le Temple cet après-midi. Il pleuvait lorsque je suis sortie, j'ai donc pris un bus pour revenir à l'hôtel. Il faut être très vigilant avec ces bus. NE PAS DESCENDRE AVANT D'Y ÊTRE AUTORISÉ, peut-on lire sur un panneau. Croyez-moi, c'est pour votre bien !

À l'avant du véhicule le chauffeur tourne le dos aux passagers. Théoriquement, l'homme qui s'occupe des billets est à l'autre bout, à l'endroit même où vous descendez. Mais il doit également aller à la rencontre des nouveaux passagers, leur demander où ils se rendent, leur donner le ticket approprié, prendre l'argent et rendre la monnaie. Comme il s'agit de bus à impériale, il passe la moitié de son temps à l'étage.

S'il est en haut lorsque vous arrivez à destination, NE DESCENDEZ PAS DU BUS, laissez passer votre arrêt et attendez sagement son retour. Car s'il n'est pas là pour faire signe au chauffeur de prendre patience pendant que vous descendez, ce dernier ne s'arrête pas vraiment, il se contente de ralentir et de marquer un temps avant de repartir, en *supposant* que vous êtes hors de danger. Je suis petite et souple, j'ai sauté sur le trottoir avec agilité, et pourtant j'ai failli me casser la figure, le bus étant reparti avec mon pied gauche encore sur le marchepied.

Je viens de téléphoner à Jean Ely au Connaught pour la remercier d'avoir demandé à PB de me faire visiter Londres. Je suis invitée à dîner jeudi, elle veut connaître les moindres détails.

Dimanche 11 juillet.

J'ai gardé mes trois pèlerinages les plus importants – l'abbaye de Westminster, la Tour et Saint Paul – pour la dernière semaine de mon séjour et j'en suis très heureuse. L'idée que j'allais enfin visiter ces monuments m'a empêchée d'être déprimée par la perspective de repartir pour New York, alors que je n'y suis pas encore prête. Ce matin je me suis réveillée dans un état d'excitation indescriptible : je me rends à l'abbaye cet après-midi en compagnie de Sheila et Nora.

On y découvre de nombreuses étrangetés dont personne ne m'avait jamais parlé, par exemple une plaque à la mémoire du major John André : « Pleuré même par ses ennemis », c'est-à-dire par nous autres les rebelles. André était l'espion britannique choisi par Benedict Arnold [1] pour nous trahir. Il fut arrêté et pendu par les Américains peu après que les Britanniques eurent infligé un sort similaire à Nathan Hale. Mais vous ne pouvez imaginer le nombre d'historiens américains qui accordent bien plus d'importance à sa mort qu'à celle de Hale. Ce dernier n'était qu'un pauvre garçon de ferme alors que l'impétueux John André appartenait à l'aristocratie – vous voyez ce que je veux dire. L'esprit de caste a toujours régné à Philadelphie, où John André était en poste ; on comprend donc mieux pourquoi il fut « pleuré même par ses ennemis ».

J'ai été folle de rage en découvrant qu'Henry Irving était inhumé dans l'abbaye de Westminster mais pas Ellen Terry. Tout comme Garrick, Irving fut un acteur légendaire, l'idole du Londres de la fin du XIXe siècle. Ellen Terry fut sa partenaire la plus célèbre. Je me suis attachée à elle en lisant sa correspondance avec Shaw, et j'estime qu'inhumer Irving en ce lieu relève de la plus pure misogynie alors même que les cendres d'Ellen reposent, selon Sheila, dans la petite église des Acteurs de Covent Garden, où je vais aller me recueillir.

Signe des temps : un long banc dissimule une tombe, tout ce que vous pouvez lire de l'inscription c'est RUDYARD KI.

En sortant, nous sommes passés devant le War

1. Benedict Arnold (1741-1801). Général américain coupable de trahison pendant la guerre d'Indépendance.

Office, ministère de la Défense. Il a fait chaud aujourd'hui, près de 33 degrés, la canicule pour Londres. À l'entrée du ministère, un garde à cheval, en plein soleil. Son casque à visière en cuivre devait être absolument brûlant. Il portait un uniforme de laine épaisse, de longs gants de cuir, des cuissardes ; il avait un tapis de selle en astrakan noué autour de la taille, et il tenait fermement une lance – légèrement inclinée car elle aussi victime de la température. L'homme et l'animal devaient mourir de chaleur.

Selon Sheila, il est là pour plaire aux touristes dans mon genre venus découvrir une ville de bal costumé. Peut-être bien. Mais j'ai soudain entendu une petite voix en provenance directe du pays de Galles :

« Depuis sept cents ans, un garde a été présent chaque jour sans la moindre exception… »

En rentrant dîner à Highgate, nous nous sommes arrêtées à Waterlow Park ; l'endroit est si élevé par rapport à la ville que l'on peut lire sur un cadran solaire :

CE CADRAN SOLAIRE EST AU MÊME NIVEAU
QUE LE DÔME DE LA CATHÉDRALE SAINT PAUL

Il vous suffit de regarder par-delà les collines pour vérifier l'authenticité de l'inscription.

Au centre du parc se dresse une maison de deux étages agrémentée d'un balcon. Sheila m'a appris que Charles II l'avait fait construire pour Nelly

Gwyn [1]. Elle a abrité en ce lieu l'une de ses grossesses, et lorsque l'enfant est né Nell a harcelé le roi pour qu'il donne un titre à son fils, mais il repoussait sans cesse sa requête. Si bien qu'un jour où le souverain arrivait à cheval, elle a menacé de jeter le bébé du balcon :

« Si vous n'accordez pas à votre fils un rang digne de lui, je le jette dans le vide et il mourra ! »

Charles II a supplié :

« Madame, ne lâchez surtout pas le duc de… ! »

C'est ainsi que le bébé reçut un titre.

Plus tard.

Ena a téléphoné : ils sont de retour. Ils m'invitent à dîner demain, puis à voir leur appartement de Ealing. Elle viendra me prendre, avec Leo, à 19 h 30. Personne ici ne dit « six heures et demie » ou « sept heures et demie » ; on préfère « 18 h 30 » ou « 19 h 30 ».

Lundi 12 juillet.

Béni soit ce jour !

Dorénavant, j'inclurai le *Reader's Digest* dans toutes mes prières. Je suis allée prendre mon courrier à la réception ce matin, et il y avait une lettre de trois pages du bureau londonien. J'ai pensé qu'il s'agissait

1. Nell Gwyn (1650-1688). Célèbre courtisane, favorite du roi Charles II.

des épreuves de l'article, mais après l'avoir ouverte j'ai découvert un chèque de CINQUANTE LIVRES – j'ai cru mourir sur place.

Je suis allée voir Mr. Otto pour lui demander si cette somme me permettait de garder ma chambre dix jours de plus. Il a été choqué par cette question.

« Que croyez-vous donc ? Que nous vous jetterions dehors ? »

Puis il a gloussé.

J'ai couru jusqu'aux éditions Deutsch pour annoncer la nouvelle à tout le monde, et Carmen m'a appris qu'Ann Edwards, du *Sunday Express*, souhaitait m'interviewer mercredi à l'heure du déjeuner.

« Et devinez où ? Dans la River Room de l'hôtel Savoy ! C'est l'endroit le plus divin de Londres. Comme je suis heureuse pour vous ! »

Mr. Tammer m'a dit qu'il ne pouvait pas encaisser le chèque à ma place ; selon lui seule une banque peut le faire. Je m'en occuperai demain.

J'ai téléphoné à Nora pour lui faire part de ma joie, et elle souhaite donner un dîner-buffet vendredi en mon honneur afin que je puisse rencontrer tous les libraires spécialisés en livres rares. Elle voulait l'organiser bien avant mais ils étaient tous « en vacances ».

Joyce Grenfell m'a invitée à me joindre à eux demain pour le dîner. Elle m'envoie un mot avec tous les détails me permettant de me rendre à leur domicile en bus. J'ai été très impressionnée d'apprendre qu'à Londres on peut poster une lettre un lundi et être certain qu'elle arrivera le lendemain. À New York, une lettre postée à deux pâtés de maisons un lundi arrivera peut-être le mercredi et plus probablement le jeudi.

Ma vie mondaine étant ce qu'elle est, je viens de me rendre compte que je ne pouvais pas m'en sortir quinze jours de plus avec une même robe. Que Dieu bénisse mon club démocrate et mon frère ! Je pars maintenant chez Harrods avec mon bon d'achat et ce qui reste de ma cagnotte. Ena m'a conseillé de profiter des remises de prix sur les robes d'été.

Plus tard.

Chez Harrods les prix étaient exorbitants et il ne restait presque plus que des maxi-jupes. J'ai remonté la rue jusqu'à Harvey Nichols et j'ai acheté en solde une robe en lin blanc et pain grillé. Puis je suis retournée chez Harrods, où j'ai échangé le bon d'achat contre un sac à bandoulière, lui aussi en solde, de couleur sable. J'y ai transféré toutes mes affaires avant de me débarrasser de mon vieux sac en paille blanche dans l'une des poubelles du grand magasin – il rendait l'âme depuis déjà une semaine.

J'ai pris un taxi jusqu'à la maison de Samuel Johnson puis j'ai déjeuné au Cheshire Cheese (je suis si riche maintenant !) avant de passer à la rédaction de l'*Evening Standard* voir Valerie, la jeune fille qui m'a interviewée le lendemain de mon arrivée, pour lui annoncer que le *Standard* allait me consacrer un nouvel article (« Maintenant-que-vous avez-enfin-découvert-notre-pays-quelles-sont-vos-réactions ? »). Pendant que nous bavardions, la boucle de la bandoulière de mon nouveau sac s'est brisée. Valerie a été très choquée.

« Cela explique pourquoi il était en solde, ai-je dit.

– Oui, mais pas chez Harrods ! »

Personne n'a jamais prononcé Bonwit's [1] sur ce ton.

Elle m'a envoyée dans une petite boutique à deux pas de Fleet Street, et tandis que l'homme réparait les dégâts je lui ai demandé le chemin de Bloomsbury, je voulais rentrer à pied.

« Prenez O-burn Street et suivez le bus. »

J'ai cherché O-burn Street puis Auburn Street avant de découvrir la rue indiquée : High Holburn. Voilà ce qu'on appelle un accent cockney.

Il est l'heure de m'accroupir sous cette douche sadique avant de sauter dans ma nouvelle robe en l'honneur de Leo et Ena.

Minuit.

Leo nous a emmenées dîner dans un luxueux restaurant de fruits de mer. Les crustacés ont la même tête qu'à New York mais leur goût est très différent ;

1. Grand magasin new-yorkais.

la chair de crabe et le homard sont ici bien plus riches mais très subtils, presque sans saveur pour un palais américain, jusqu'à ce qu'on y soit habitué.

Puis ils m'ont conduite jusqu'à leur appartement, où j'ai vu les portraits d'Hayley Mills et de Pamela Brown peints par Ena. J'éprouve une tendresse particulière pour Pamela Brown, cela remonte à un très vieux film anglais, *Je sais où je vais*[1], et à une représentation de *De l'importance d'être constant*[2].

Je ne connais rien à la peinture, pas même la chose à dire lorsque cela me plaît ; mais ces visages m'ont parlé. J'ai été renversée, j'ai dit à Ena qu'il était indécent d'être aussi douée lorsqu'on est une blonde ravissante qui semble tout droit sortie de l'école.

Leo a annoncé qu'il allait préparer son cocktail spécial été pour lequel il est célèbre. Il a trotté jusqu'à la cuisine, et après un vacarme de tous les diables il en est ressorti avec trois verres imposants, aussi hauts que larges. Je ne bois jamais après dîner, je n'aime pas les boissons gazeuses, et à vue d'œil je ne fais aucune différence entre tous ces grands verres de cocktail.

« Il s'agit d'une bière au gingembre, n'est-ce pas ? C'est vraiment délicieux, ai-je néanmoins conclu après une gorgée.

– C'est un gin-tonic, a répondu Leo, blessé.

– Le gin semble s'être perdu en chemin, non ? »

---

1. Film (1947) de Michael Powell et Emeric Pressburger.
2. Pièce (1895) d'Oscar Wilde.

ai-je répliqué, et il a couru vers la cuisine chercher la bouteille de gin.

Ena se tordait de rire. Pas très gentil de la part d'une bonne épouse.

« C'est son mélange secret. Il en est si fier ! » parvint-elle à articuler entre deux hoquets avant de repartir de plus belle.

J'ai eu honte de moi. J'ai bien précisé à Leo que je passais ma vie à commettre des impairs. Il a rajouté du gin dans mon verre, puis s'est assis et ne m'a plus quittée des yeux pendant que je sirotais. Lorsqu'il a estimé que l'honneur était sauf, il m'a dit :

« Demi-Portion a une faveur à vous demander.

– Quelle faveur ? »

Ena, à qui s'adressait la question, s'est contentée de sourire nerveusement.

« Elle souhaiterait faire votre portrait, a poursuivi Leo.

– Vous êtes fous ! »

Je sais que les peintres distinguent des surfaces et des angles dans des visages qui nous semblent bien quelconques, mais je ne comprends toujours pas pourquoi quelqu'un voudrait peindre le visage si ordinaire, et même plutôt laid, d'une femme entre deux âges. Ce que j'ai dit à Ena. Selon elle, j'ai un visage intéressant, « d'une mobilité constante ».

« Comme j'aimerais que cela soit vrai. »

Je ne me suis jamais sentie à ce point prise au piège. Ma vie durant j'ai évité d'être prise en photo, et voilà qu'Ena me demandait le plus sérieusement du monde de poser pour elle. Seules quelques séances lui seraient nécessaires, « peut-être deux ou trois ». Son petit visage inquiet et pensif me scrutait du regard.

Je lui ai dit que j'acceptais à deux conditions : premièrement, que nous puissions travailler dans Russell Square, hors de question de poser dans un studio ; deuxièmement, je lui ai fait promettre de ne jamais me demander mon avis sur le portrait, en cours de route ou une fois terminé.

Ena a accepté mes conditions. Elle finit un tableau ces jours-ci et nous commencerons la semaine prochaine.

Mardi 13 juillet.

Ce matin, crise de paranoïa.

Le petit mot de Joyce Grenfell avec tous les détails me permettant de me rendre chez eux ce soir est bien arrivé, mais sans une seule ligne sur l'itinéraire à suivre pour trouver l'église Saint Mary LeBeau de Cheapside. Nous y avons rendez-vous à midi pour son débat avec le pasteur. J'ai repéré Cheapside sur mon plan puis j'ai décidé d'encaisser le chèque du *Digest* avant de m'y rendre.

Je me suis présentée à la banque la plus proche, puis à une autre, de l'autre côté de la même rue. Réactions scandalisées dans les deux cas, refus d'encaisser le chèque d'une parfaite inconnue, sans un regard pour sa carte d'identité. Ils n'ont pas voulu contacter le *Digest* ou les éditions Deutsch par téléphone, ce n'est pas la politique maison.

À la troisième banque, je suis passée d'un caissier à un responsable, qui s'est entretenu longuement avec l'un de ses collègues. Résultat ?

« Pourquoi n'envoyez-vous pas ce chèque à votre banque de New York ? »

Je lui ai expliqué que j'avais besoin de liquide sur place, ce qui l'a profondément choqué. On ne dit pas : « J'ai besoin de liquide » à un banquier.

Ma banque à New York étant la Chemical, je lui ai demandé s'il existait une succursale à Londres. Il m'a répondu « Oui » du bout des lèvres.

« Mais je doute qu'elle encaisse votre chèque. »

(Il a dit : « … qu'elle puisse encaisser… »)

Une fois à la Chemical, j'ai été inspectée de fond en comble, à l'exception de mes dents, mais je suis finalement parvenue à mes fins. Rien ne m'exaspère plus que ces publicités vantant la bienveillance et l'amabilité des banques dans les magazines et à la télévision. À ma connaissance, tous ces banquiers sont aussi aimables que des cobras.

Il ne me restait plus alors qu'une demi-heure pour gagner Cheapside. Une fois installée dans le bus, j'ai découvert que j'avais oublié mon plan. J'ai demandé mon chemin au chauffeur, qui m'a conseillé de descendre près de la cathédrale Saint Paul.

« Marchez quelques minutes dans cette direction

et tournez à gauche », a-t-il dit en pointant du doigt une rue lointaine.

J'ai suivi ses recommandations – marcher quelques minutes, tourner à gauche, continuer, puis tourner encore à gauche et à droite –, j'ai imploré l'aide de six personnes, tous des touristes. Alors qu'un bus ralentissait à l'angle d'une rue, j'ai demandé au chauffeur de m'indiquer la bonne direction.

« Désolé, chérie, c'est mon premier jour de boulot ! »

Je lui ai souhaité bonne chance – autant le faire – et j'ai continué à marcher. Je me suis trompée trois fois d'église, je suis passée devant Goldsmith's Hall et j'ai découvert des ruelles de caractère, mais toujours pas d'église Saint Mary LeBeau. De toute manière il était trop tard pour assister au débat. Je me suis installée confortablement dans un petit pub enfumé où je me suis régalée.

Minuit.

Joyce m'a ouvert la porte et nous avons commencé par une visite guidée des murs de la salle de séjour, couverts de portraits et de photos des familles Grenfell et Langhorne. Sa mère était l'une des sœurs Langhorne de Virginie. La première a épousé Charles Dana Gibson [1], dont elle fut le modèle et la muse, la deuxième était la célèbre Lady

1. Charles Dana Gibson (1867-1944). Peintre et illustrateur. Père

Astor, qui devint membre du Parlement [1], et la troisième s'est mariée avec le père de Joyce.

Très peu de photos de sa carrière théâtrale. Celle dont elle est le plus fière représente le fronton du Haymarket avec son nom en lettres de feu. Ce théâtre a pourtant toujours refusé de réserver un tel traitement de faveur aux acteurs, seul le titre du spectacle doit être mis en valeur. Mais quand Joyce y a donné son one-woman show elle était bien plus que l'interprète principale : elle était le spectacle à elle toute seule.

J'ai reçu en cadeau une biographie de Florence Nightingale [2], Joyce est certaine que je vais l'apprécier. Chaque matin, elle fait sonner son réveil à 6 heures et lit allongée pendant une heure ; sans ce rituel, elle n'aurait jamais le temps d'ouvrir un livre. C'est une excellente habitude, il me semble qu'elle a tout lu.

J'ai toujours tellement honte en découvrant combien certaines personnes sont cultivées alors que, par comparaison, je suis si ignorante. Si vous découvriez la liste de livres célèbres et d'auteurs que je n'ai jamais lus, vous n'en croiriez pas vos yeux. Mon problème est très simple : pendant que les

---

de la « Gibson girl », inspirée par sa femme, une pin-up aristocratique très en vogue à la fin du XIXe siècle.

1. Nancy Astor (1879-1964) fut la première femme à siéger à la Chambre des communes.

2. Florence Nightingale (1820-1910) lutta pour améliorer la vie des malades dans les hôpitaux.

autres lisent cinquante livres, je relis cinquante fois le même ouvrage. Je m'arrête seulement lorsque, arrivée au bas de la page 20, je suis capable de réciter par cœur les pages 21 et 22. Alors je le mets de côté l'espace de quelques années.

Après le dîner nous nous sommes promenés en voiture dans Chelsea et ils m'ont montré la maison où ils se sont mariés. Joyce m'a confié qu'ils s'aimaient depuis leur plus jeune âge ou presque.

« J'avais dix-sept ans et Reggie arrivait d'Oxford. La première fois que nous avons joué au tennis ensemble j'avais encore des tresses, mais le soir même je les ai relevées. »

Nous avons visité la partie la plus ancienne de la City, et j'ai enfin pu découvrir l'église Saint Mary LeBOW, car cela s'épelle ainsi. Seuls les Anglais pouvaient attacher « bow » et « le ». Trop mystérieux pour que j'y comprenne quelque chose.

Discussion à l'amiable entre les deux époux pour décider où m'emmener ensuite.

« Oh ! chérie, mais elle a déjà dû voir la cathédrale Saint Paul.

– Oui, RegGEE, mais peut-être pas de nuit, illuminée !

– Elle l'a certainement vue illuminée une demi-douzaine de fois. Pourquoi ne pas lui montrer Fleet Street ? »

J'ai fait entendre ma petite voix, à l'arrière de la voiture.

« J'aimerais bien voir les taudis.

– J'ai bien peur qu'il n'en reste aucun », a répondu doucement Joyce.

Si l'on ajoute cette bonne nouvelle au fait que la Grande-Bretagne propose des soins médicaux gratuits, vous n'avez pas besoin d'en savoir plus sur la différence entre capitalisme et socialisme.

Mercredi 14 juillet.

Déjeuner au Savoy avec Ann Edwards, la journaliste du *Sunday Express.* Elle a refusé de croire que je n'étais pas déçue par Londres.

« Quand j'ai appris votre visite, j'ai voulu vous écrire pour vous dire : "Ma chère, ne venez pas. Vous avez quinze ans de retard." »

Par rapport à quoi ? L'abbaye de Westminster ?

J'ai essayé de lui faire comprendre que si toute votre vie vous avez rêvé de voir l'abbaye, la cathédrale Saint Paul et la Tour de Londres, et qu'enfin un jour votre rêve se réalise, vous ne pouvez pas être déçu. Je lui ai dit que je me rendais à Saint Paul après notre entretien et que je pouvais lui garantir que je ne me sentirais pas trahie. Mais elle vit à Londres depuis toujours et ressasse le passé avec tristesse – sa famille possédait jadis une Rolls-Royce pleine de tact « qui, chaque fois qu'elle démarrait, toussait délicatement comme un valet de pied bien élevé ».

La beauté de la River Room de l'hôtel Savoy n'a d'égale que la perfection de la nourriture que l'on y sert (je préfère le Claridge, mais il s'agit de romantisme). J'ai pris du crabe et du homard Thermidor – je n'ai pu terminer ces deux plats tant les portions étaient généreuses –, puis des fraises à la crème, tout aussi copieusement servies. La crème anglaise devient très vite une drogue, et chaque fois que je mange des fraises je me souviens des propos de ce ministre de l'Église anglicane :

« Je ne crois pas que Dieu aurait pu créer un fruit plus délicieux que la fraise, et d'ailleurs je ne crois pas qu'il ait jamais essayé. »

Nous avons marché le long des berges de la Tamise et Ann m'a indiqué le chemin le plus court pour gagner Saint Paul. Promenade exquise au bord de l'eau avec la cathédrale de John Donne s'approchant peu à peu. J'ai pensé à lui tout en flânant ; il est vraiment – du moins à ma connaissance – le seul libertin à s'être amendé pour l'amour d'une femme. Il s'est enfui avec la fille du gouverneur de la Tour, et le papa outragé les a fait jeter en prison – dans la Tour, bien sûr. John avait été enfermé dans une aile, sa fiancée dans une autre, et il lui a fait parvenir la note suivante (ce qui explique pourquoi je prononce son nom *Dunn* et non pas *Donn*) :

John Donne
Anne Donne
Undone [1]

1. Jeu de mots intraduisible. *Undone* : séparés.

Il était quand même un peu cinglé. À la mort d'Anne, il s'est fait faire un linceul de pierre avec lequel il a dormi pendant vingt ans. Si vous écrivez comme un ange, vous avez bien le droit d'avoir quelques lubies.

J'ai monté les marches de Saint Paul – enfin, enfin, après combien d'années d'attente ? – et une fois le seuil franchi je suis restée là à admirer la coupole avant de descendre la nef centrale jusqu'à l'autel. (J'ai essayé d'imaginer ce que pouvait ressentir Donne la nuit où le roi James l'envoya chercher.) Et pendant ce court moment je n'aurais échangé pour rien au monde des centaines de livres contre la poignée d'ouvrages que je connais par cœur. Je n'ai pas ouvert les *Vies* de Walton [1] depuis au moins dix ans ; et debout dans la cathédrale de John Donne, j'ai repensé à ce passage exquis :

« Une fois assise, Sa Majesté déclara avec son amabilité coutumière : "Docteur Donne, je vous ai invité à dîner et, bien que vous ne puissiez vous asseoir à ma table, permettez-moi néanmoins de vous offrir un plat dont vous êtes, à ma connaissance, très friand. Sachant combien vous aimez Londres, je vous nomme doyen de la cathédrale Saint Paul, et dès que j'aurai terminé de souper vous

1. Izaak Walton (1593-1683). Moraliste et biographe anglais, célèbre pour ses *Vies* des plus grands intellectuels de son temps, parmi lesquels son ami John Donne. On lui doit également un traité fameux, *Le Parfait Pêcheur à la ligne*.

pourrez rentrer chez vous avec votre plat favori, vous retirer dans votre bureau et dire vos grâces. J'espère que cette décision est la bonne et qu'elle vous apportera tout le bonheur du monde." »

Comme dirait Eliza Dolittle [1], « je te fiche mon billet que c'est moi qui ai raison ».

Des guides accompagnaient des groupes de touristes se succédant les uns aux autres. Ils débitaient le commentaire de circonstance, certains en anglais, un autre en français, un autre enfin en allemand, et leurs voix monotones s'entrechoquaient. Je me suis éloignée aussi vite que possible et j'ai erré sans but précis. J'ai descendu l'une des nefs collatérales, admirant au passage les plaques et les bustes, j'ai contourné l'autel et pris la direction opposée, admirant d'autres plaques et d'autres bustes. Même en étant aussi attentive, j'ai failli le manquer. Quelle forme bizarre ! Il ne s'agit pas d'un buste mais d'une statue grandeur nature, alors je me suis arrêtée et j'ai lu l'inscription. Face à moi, fixé sur un mur de la cathédrale Saint Paul, le suaire de John Donne.

Je l'ai touché.

En sortant, j'ai découvert une petite chapelle contiguë à la porte d'entrée. Un panneau mentionnait : CHAPELLE DE SAINT DUNSTAN. RÉSERVÉ À LA MÉDITATION. Je me suis arrêtée et j'ai remercié.

Quinze ans de retard, en effet.

---

1. Héroïne du *Pygmalion* (1913) de George Bernard Shaw. La pièce est devenue une comédie musicale, *My Fair Lady.*

Jeudi 15 juillet.

Ce matin, Ken Ellis, du bureau londonien du *Reader's Digest*, est arrivé avec sa ravissante assistante et un photographe, prêt à me tirer le portrait. Comme toujours, j'ai fait mon numéro de vieille bougonne mais le cœur n'y était pas – sans le *Digest* je serais au-dessus de l'Atlantique à cet instant précis – et c'est très humblement que j'ai trotté jusqu'au 84, Charing Cross Road. J'ai été prise assise sur le rebord de la fenêtre de la pièce du haut, vide et triste. Ken a ramassé pour moi toutes les lettres blanches, écaillées et rouillées, qui formaient le nom de la librairie Marks & Co. Je les rapporterai à New York. Et un beau jour de septembre, alors que je ferai mon grand nettoyage d'automne, je tomberai sur ces lettres et me demanderai :

« Pourquoi sont-elles là ? Pour que tu puisses pleurer sur tes souvenirs lorsque tu seras une très vieille dame ? »

Et je finirai par les jeter à la poubelle.

Ils m'ont emmenée déjeuner chez Wheeler, un célèbre restaurant de fruits de mer – tout le monde s'y précipite en ce moment –, et Ken m'a expliqué pourquoi la nouvelle monnaie était détestée en Grande-Bretagne. L'Anglais veut affirmer sa singularité, telle est la clé du problème. Le système décimal est bien plus simple que le vieux système « penny-deux pence-guinée-livre-six pence », mais au moins c'était le *leur* ; aucun pays dans le monde ne l'avait jamais adopté et personne d'autre ne pouvait le comprendre. Il a dit que ses concitoyens haïssaient l'idée de rejoindre le Marché commun pour des raisons identiques. Ils ne veulent pas faire partie de l'Europe, ils tiennent à rester séparés, différents, à l'écart des autres. Il a illustré ses propos en citant un gros titre devenu ici une plaisanterie de référence sur le sujet. Alors que l'île était paralysée par le mauvais temps et par le brouillard, un quotidien anglais a titré : LE BROUILLARD ISOLE LE CONTINENT.

Je dîne en compagnie des Ely et Jean vient de téléphoner pour m'avertir que l'hôtel Connaught était très collet monté. Ils n'admettent toujours pas les femmes en pantalon dans la salle à manger. J'ai répondu dignement que je disposais de deux robes.

23 heures.

Le Connaught est à deux pas de Grosvenor Square, j'en ai donc profité pour voir le Roosevelt Memorial. Quelqu'un m'a raconté qu'à la mort du président américain le gouvernement britannique avait décidé de récolter des fonds, par souscription publique, en vue de construire un mémorial – chaque contribution étant limitée à un shilling afin que tous puissent participer. On annonça que la souscription resterait ouverte jusqu'à ce que la somme soit réunie. Il ne fallut pas plus de soixante-douze heures.

J'ai été bien plus émue par cette histoire que par le mémorial lui-même, une statue de FDR debout, immense, une canne à la main, la cape au vent. Les traits sont là, mais la personnalité et la force de caractère sont complètement absentes. Et j'ai été offensée de le voir debout sur des jambes qui étaient en réalité mortes et inutiles tandis qu'il régnait à la Maison Blanche. Il est impossible d'évaluer la grandeur de Roosevelt si l'on ignore que ses exploits étaient ceux d'un homme paralysé à partir de la taille. Moi, je l'aurais sculpté assis, les genoux enveloppés dans son inséparable couverture qui dissimulait ses pauvres jambes. Mais rien n'aurait pu atténuer la bravoure et la gaieté de ce visage indomptable – deux qualités qui n'apparaissent nullement sur le visage de la statue. Je suppose que cela n'a pas grande importance. Quoi qu'il en soit, il est agréable de savoir que tant d'Anglais l'appréciaient.

Jean et Ted Ely ne cessent de me surprendre. Ils m'ont invitée à dîner à New York après avoir lu mon livre. Ils vivent dans un appartement élégant de la Cinquième Avenue – acajou ciré, tapis anciens et couleurs chaudes –, et j'ai pensé en les rencontrant qu'ils formaient le plus beau couple que j'aie jamais vu. Tous deux minces et élancés, cheveux poivre et sel en abondance, traits réguliers et visages respirant la douceur et la sérénité. Quand Jean m'a annoncé dans la conversation qu'ils avaient plus de soixante-dix ans, je suis restée sans voix. Ils sont aussi improbablement beaux – comme si le temps n'avait pas de prise sur eux – que les parents d'une débutante dans un film des années trente.

Nous avons parlé de PB au cours du dîner. Je lui ai envoyé un mot pour lui annoncer que je prolongeais mon séjour de deux semaines. Jean a dit qu'il nous emmènerait peut-être tous les trois quelque part.

Je suis rentrée à l'hôtel en limousine. S'attend-on à ce que je me réadapte facilement à ma vie new-yorkaise ?

Ena a téléphoné. Suis-je libre dimanche matin pour une séance de pose ? Tout devrait bien se passer, avec l'aide d'un petit verre de gin.

Vendredi 16 juillet.

J'arrive à l'instant du dîner-buffet donné par Nora. Je suis arrivée chez elle avec une heure et demie de retard alors que j'étais l'invitée d'honneur. La soirée avait commencé de façon cauchemardesque.

Nora m'avait téléphoné ce matin pour m'annoncer qu'une voiture viendrait me prendre à 19 h 15, mais comme d'habitude j'étais prête dès 19 heures. J'attendais à l'entrée mais aucune voiture ne s'est présentée à l'heure prévue. 19 h 30, 19 h 45... toujours personne. J'ai alors pensé que les amis de Nora m'avaient oubliée et je lui ai passé un coup de fil. Elle m'a dit qu'elle avait commandé un taxi « pour que tout se déroule dans les règles de l'art ». Il n'est jamais venu. Elle m'a donc conseillé de sortir dans la rue et d'en héler un.

J'ai suivi ses recommandations. Mais visiblement le nord de Londres correspond au fin fond de Brooklyn, et les chauffeurs de taxi londoniens sont aussi sinistres que leurs collègues new-yorkais. En entendant l'adresse de Nora, l'homme m'a dévisagée d'un air impénétrable.

« Je ne connais pas ce quartier, madame », a-t-il répondu d'une voix blanche.

Je lui ai expliqué, en toute innocence, qu'elle vivait à Highgate. Cette fois il a regardé droit devant lui, répétant d'une voix tout aussi inexpressive :

« Je ne connais pas ce quartier, madame. »

J'ai compris le message, je suis sortie de voiture et j'ai attendu dix minutes avant que ne passe un nouveau taxi. Une fois à l'intérieur, même topo. Mais ce chauffeur était tellement impatient de se débarrasser de moi qu'il a démarré avant même que j'aie les deux pieds sur le sol. Je suis tombée et je me suis ouvert la jambe. Me voilà donc couverte de sang à 20 h 15, alors que j'étais censée assister à un dîner donné en mon honneur depuis 19 h 30. J'ai préféré ne pas retourner dans ma chambre pour nettoyer la plaie et changer de bas car cela m'aurait encore retardée d'au moins quinze minutes.

Une fois à l'hôtel, j'ai consulté le réceptionniste qui m'a conseillé de prendre un radio-taxi – ils vous conduisent n'importe où. Les radio-taxis sont l'équivalent londonien des limousines de location à

New York (ils coûtent tout aussi cher). Il a passé un coup de téléphone et dix minutes plus tard j'avais une voiture. Le chauffeur se prénommait Barry, il est interne dans un hôpital et conduit un radio-taxi la nuit pour gagner un peu d'argent. Il a gravi les collines du nord de Londres comme s'il souhaitait notre mort à tous les deux, mais qu'importe puisque je suis enfin arrivée à bon port après qu'on s'est bien amusés, pendant le trajet, en évoquant le bon vieux temps.

Lorsqu'il était étudiant à McGill, au Canada, il passait ses étés à travailler à Manhattan. Le jour de son arrivée à New York, il s'est trouvé coincé dans les embouteillages entre Broadway et la 42e Rue ; il était complètement perdu, sachant seulement qu'il devait gagner Times Square. Barry a voulu demander son chemin au flic chargé de la circulation. Il lui a tapé sur l'épaule, sur quoi le flic, fidèle à la tradition de courtoisie et de serviabilité de notre chère ville, s'est retourné et lui a enfoncé la gueule de son arme dans l'estomac.

« Je voulais simplement vous demander comment me rendre à Times Square, monsieur l'agent, a expliqué Barry.

– Est-ce bien vrai ? a répondu le flic en ne retirant pas son arme.

– Je suis touriste et je n'ai aucune idée de l'endroit où nous nous trouvons. Je suis anglais.

– On ne plaisante pas avec moi », a poursuivi le flic en ne bougeant pas d'un pouce.

C'est alors que Barry a capitulé :

« Monsieur l'agent, si vous voulez me tuer, reculez d'un pas afin d'épargner les quatre cents personnes qui se trouvent derrière moi. »

Le flic l'a laissé partir, Barry a traversé la rue et a demandé de l'aide à un passant. Après avoir soigneusement étudié son cas, ce dernier a conclu :

« Faites le tour du pâté de maisons, tournez à gauche, répétez trois fois l'opération et vous serez dans Times Square. »

Barry a suivi ses conseils, et c'est alors qu'il a réalisé qu'il était dans Times Square depuis le début. Il recherchait un square à l'anglaise avec un jardin en son centre. Ce que le passant ne savait pas c'est qu'à Londres, si vous faites le tour d'un pâté de maisons, si vous tournez à gauche et si vous répétez trois fois l'opération, vous vous retrouverez aussi loin que possible de votre point de départ.

Il vendait des encyclopédies et des stylos à encre en faisant du porte-à-porte. Comme la plupart des femmes au foyer lui claquaient la porte au visage (« J'avais pris l'habitude de dire : "Madame, auriez-vous la gentillesse d'ouvrir ? Ma cravate est coincée !" »), il s'est réorienté vers la démonstration de stylos en grande surface. Barry a découvert que plus on excellait dans cet exercice, plus les chances d'être promu instructeur étaient grandes.

« Apprendre aux autres l'art de la démonstration me permettait au moins de m'asseoir. »

Il m'a déposée chez Nora non sans préciser qu'il viendrait me chercher à minuit.

J'aurais pu facilement assommer Nora : elle n'avait pas eu la présence d'esprit de prévenir les invités que j'étais prête depuis 19 h 15. Une femme s'est tournée vers moi et m'a dit poliment :

« Ne m'en veuillez pas, mais puis-je vous demander ce qui vous a retenue ? »

J'ai été si stupéfaite que je n'ai su quoi lui répondre ; j'ai pris la fuite avec Sheila et je suis allée me réfugier dans sa chambre, le temps de me calmer. Je n'ai aucun sang-froid.

Tous les libraires spécialisés en livres rares m'ont raconté de merveilleuses anecdotes sur leur profession. Ainsi, après la guerre, ils avaient très peu d'espace pour entreposer leurs nombreux livres ; ils ont donc décidé d'en ENTERRER des centaines dans les cratères à ciel ouvert provoqués par les bombardements dans les rues de Londres. Aujourd'hui les livres enterrés représenteraient une fortune si seulement on pouvait les retrouver, si l'on pouvait détruire les rues et les immeubles reconstruits sur les ruines. J'ai soudain eu la vision d'une guerre atomique détruisant le monde entier, à l'exception, ici et là, d'un livre rare, comme sorti des entrailles de Londres.

J'ai été couverte de cadeaux mais je crois que j'ai fait un faux pas en recevant l'un d'eux. Une femme charmante spécialisée dans la vente d'autographes m'a offert un carnet de notes merveilleusement relié. Il se trouve que j'en avais besoin d'un nouveau puisque j'ai converti l'ancien en calendrier, et quand le responsable de Quaritch m'a donné les coordonnées de sa librairie je les ai inscrites immédiatement dans mon nouveau calepin. Silence de glace dans l'assemblée : j'en conclus donc qu'écrire dans ce carnet s'apparente à une profanation. J'ai été horrifiée en pensant qu'il s'agissait certainement d'une pièce rare que l'on ne doit jamais utiliser mais juste admirer. Pourquoi diable voudrais-je d'un carnet de notes inutilisable ? Je suis une gaffeuse-née.

Barry, qui est arrivé à minuit pile, m'a reconduite à l'hôtel. Il m'a demandé de lui rendre visite à l'hôpital Saint Bartholomew si jamais je passais dans le coin.

« Entrez par la porte Henry VIII et ne manquez pas de visiter la chapelle. Elle est si belle ! »

J'ai inscrit son nom, Barry Goldhill, dans le calepin profané.

« Quelle est votre spécialité ?

– La gynécologie.

– Trop tard, mon chou, je ne vous suis plus d'aucune utilité. »

Samedi 17 juillet.

Au courrier, un mot de Rutland Gate : il est de retour à Londres.

Rendez-vous à la maison lundi 19 à 11 heures précises pour un verre de sherry avec Charles II, puis nous déjeunerons en compagnie de Dickens.

À très vite.

PB.

J'ai cru préférable de potasser Dickens avant lundi, c'est pourquoi après le petit déjeuner j'ai marché jusqu'à sa maison de Doughty Street. Elle n'est qu'à deux pas de Russell Square, mais je ne m'intéresse pas suffisamment à Dickens pour avoir eu envie de m'y rendre plus tôt. PERSONNE ici n'admettrait une telle confession ; ne pas aimer cet écrivain relève purement et simplement de l'hérésie. Dickens est un dieu pour la nation tout entière.

À l'exception de PB, pas un seul Londonien n'a mentionné devant moi l'existence du pub de Shakespeare. Personne n'évoque jamais les lieux décrits par Pepys [1] ou encore Wimpole Street, et personne ne sait ce dont vous parlez lorsque vous demandez l'adresse de la maison où Shaw faisait la cour à sa « millionnaire aux yeux verts ». Mais chacun vous dira où dînait Mr. Pickwick et où se dressait le *Magasin d'antiquités* [2].

« Il faut absolument visiter Doughty Street, c'est là qu'il écrivit *Oliver Twist*... Et voici Camden

1. Samuel Pepys (1633-1703). Écrivain anglais, auteur d'un célèbre journal intime.

2. *Les Aventures de monsieur Pickwick* et *Le Magasin d'antiquités*, romans de Charles Dickens.

Town, où vivait Bob Cratchit[1]... Le-concierge-vous-montrera-la-pièce-où-Dickens-a-écrit-*Les-Grandes-Espérances...* »

Doughty Street est l'une de ces rues où s'alignent ces élégantes petites maisons de brique qui me bouleversent toujours autant. Pour l'essentiel, le mobilier n'a pas changé depuis que Dickens y vivait, et l'on peut admirer la totalité de ses premières éditions dans la pièce où il se retirait pour écrire, à l'arrière de la maison. Les murs de chaque pièce sont tapissés de souvenirs du maître des lieux – lettres, dessins, caricatures, programmes de théâtre avec son nom dans la distribution (j'ignorais qu'il était un acteur, certes amateur, aussi enragé). Les touristes présents, presque tous du « RU », connaissaient le moindre personnage et le plus petit événement représenté sur chaque dessin ou caricature. Il faut le voir pour le croire.

J'ai déjeuné chez Tanjar, un restaurant de Charlotte Street célèbre pour son curry, puis je suis allée à pied jusqu'à Covent Garden pour me recueillir devant les cendres d'Ellen Terry. Il s'agit de l'église Saint Paul de Covent Garden, mais lorsque vous arrivez sur la grande place du marché pas une église en vue. J'ai erré un moment non sans consulter de nouveau mon plan. Un jeune homme avec une barbe brune est passé devant moi à vive allure. Mais il a fait marche arrière et m'a demandé :

---

1. Personnage d'*Un chant de Noël*, de Charles Dickens.

« Alors, chérie, on est perdue ? »

Je lui ai dit que je cherchais l'église des Acteurs.

« Êtes-vous actrice ?

– Pas le moins du monde, j'ai été dans ma jeunesse un auteur dramatique frustré, mais j'aime la correspondance Shaw-Terry et je souhaiterais me recueillir devant les cendres d'Ellen.

– Comme c'est gentil de votre part. Personne ne vient jamais dans cette église, sauf les gens du métier. »

Il est acteur. Au chômage.

« Faites le tour de la place jusqu'à ce que vous trouviez une petite allée, traversez-la, tournez au coin et vous verrez l'église. »

Je l'ai remercié et lui ai souhaité bonne chance.

« Bonne chance à vous, chérie ! »

Il est reparti de son pas alerte, et comme il s'éloignait je me suis détestée de ne pas avoir pris la peine de lui demander son nom. Personne ne devrait s'engouffrer dans votre vie, ne serait-ce que dix secondes, sans laisser au moins un nom derrière soi. Comme Mr. Dickens l'a fait remarquer, nous marchons tous ensemble vers la tombe.

J'ai poursuivi mon chemin au milieu des légumes et des fruits pourris qui encombraient le sol du marché, j'ai suivi son itinéraire et je suis tombée sur un square jonché de détritus où les marchands de primeurs garent leurs camions. J'ai traversé l'allée, tourné au coin, et soudain j'ai vu une petite église ceinte d'un enclos verdoyant, avec un jardin en toile de fond.

L'église était déserte, ce qui fut un vrai soulagement pour moi. Je suis très émotive, à tel point que je ne sais jamais ce qui peut m'émouvoir aux larmes. Les cendres d'Ellen, par exemple.

Il y avait sur une table une pile de feuilles polycopiées, et un panneau invitait le visiteur à en prendre une, à s'asseoir et à la lire afin de découvrir « l'histoire du lieu ». L'église a été construite par Inigo Jones [1] dans les années 1630. William S. Gilbert [2] a été baptisé en ces murs, Wycherley [3] y est inhumé, Davy Garrick vénéré, et c'est ici que le professeur Henry Higgins a vu Eliza Dolittle pour la première fois – elle vendait ses fleurs à l'abri du porche, se protégeant de la pluie.

J'ai longé le mur de droite, découvrant une à une les plaques commémorant la mémoire d'acteurs et de compositeurs disparus depuis bien longtemps. Alors que je les avais presque toutes lues, j'ai remarqué, près de l'autel, une niche protégée par une grille qui abritait une urne en argent – elle brillait de mille feux –, les cendres d'Ellen Terry. J'ai été

---

1. Inigo Jones (1573-1652). Architecte anglais très influencé par Palladio.

2. William S. Gilbert (1544-1603). Il fut le médecin personnel de la reine Élisabeth Ire, véritable héroïne pour Helene Hanff.

3. William Wycherley (1640-1716). Dramaturge anglais, auteur de *La Femme de province* et de *L'Homme sans détours.*

surprise de me voir sourire. Un moment lumineux et joyeux.

J'ai traversé la nef et je suis sortie en longeant le mur de gauche, lui aussi couvert de plaques. C'est alors que tout près de l'entrée j'ai découvert la plus récente :

VIVIEN LEIGH
décédée en 1967

J'ai soudain été émue aux larmes.

Dimanche 18 juillet.

Séance de pose.

Ena est arrivée au volant d'un break, dans un vacarme assourdissant. Direction Russell Square, où elle s'est garée à l'entrée. Bien entendu, je n'ai pas su ouvrir les portes coulissantes du véhicule, j'ai failli en casser une et mon bras avec. Ena se tordait de rire :

« Vous me rappelez tellement Leo ! »

Apparemment, il n'a aucun sens pratique.

Je suis sortie et elle m'a suivie – petit bout de femme ensevelie sous son matériel : un immense chevalet, sa boîte à couleurs et une palette, sans oublier quelques magazines et une radio de la taille d'un téléviseur portable. Elle a refusé mon aide : le Modèle n'est pas autorisé à lui prêter main-forte.

Nous avons installé des chaises longues – en position allongée pour moi, le dos bien droit pour elle –

et j'ai été aussi surprise que soulagée d'apprendre que je pouvais ne pas rester debout, figée en une seule pose. Ena m'a dit que je pouvais m'allonger, me relever, m'étirer, bouger, fumer. Tout m'est permis à condition que je reste de face. Puis elle m'a expliqué longuement comment utiliser la radio ; en fait elle a apporté les magazines et la radio pour moi, afin de chasser l'ennui. J'ai trouvé cela drôle.

« Je ne m'ennuierai jamais dans Russell Square, et encore moins en votre compagnie. Pouvons-nous bavarder pendant que vous travaillez ?

– Oh ! avec joie. Mes modèles ne me parlent jamais. Ils posent en silence pendant des heures.

– Cela ne risque pas d'être le cas avec moi. »

Mon ami le gardien du square est venu se mettre derrière elle et l'a regardée peindre. Il a été rejoint par deux Anglaises, un étudiant indien et un Jamaïcain entre deux âges, appuyé sur une canne.

« Comment s'en sort-elle ? » leur ai-je demandé, voulant seulement me montrer aimable.

Le fait que je leur adresse directement la parole a semblé les mettre mal à l'aise et ils ont marmonné « Très bien » ou « C'est vraiment ravissant » avant de fondre comme neige au soleil. Ena m'a remerciée, elle a reconnu qu'être observée la rendait nerveuse. Désormais, j'aurai pour mission de chasser les importuns. À Londres, vous les faites fuir en leur parlant. À New York, dès que vous leur dites un mot, ils vous racontent l'histoire de leur vie.

Il est fascinant d'observer une portraitiste à

l'œuvre. Ena est assise, sa robe de coton rouge et blanc déployée autour d'elle, l'air complètement détendue, bavardant, riant, posant des questions tandis qu'elle peint ; ses yeux ne cessent de faire l'aller-retour entre la toile et le modèle, un mouvement aussi rapide, précis et cadencé qu'un métronome lancé à grande vitesse. Et cela a duré des heures. J'ai essayé de l'imiter l'espace de vingt secondes et mes muscles oculaires n'y ont pas résisté.

Elle a travaillé jusqu'à 13 heures, puis nous sommes allées déjeuner dans le quartier de Kensington. Nous n'avons même pas essayé de discuter en chemin : son break fait un bruit aussi assourdissant que le métro new-yorkais. Les voitures anglaises sont merveilleusement silencieuses pour les passants dans la rue, mais très bruyantes à conduire. Exactement le contraire des voitures américaines.

Elle m'a emmenée dans un petit restaurant italien à deux pas de chez eux. Il s'appelle Panzer's Pasta and Pizza, et c'est un peu leur cantine. J'ai eu droit au meilleur martini de Londres et à un poulet au beurre maître d'hôtel digne d'être servi au paradis.

Ena a été choquée en apprenant que je n'avais pas visité un seul musée et elle m'a traînée, sans me laisser d'autre choix, à la National Portrait Gallery après le déjeuner. J'ai été renversée en me retrouvant face à face avec tant de vieux amis. Quelle surprise ! Charles II plus vrai que nature avec sa tête de vieux cochon, Marie Stuart telle une sorcière sur son balai – ce qu'elle était vraiment – ou Élisabeth, absolument merveilleuse car le peintre a saisi l'essence de sa personnalité – le regard brillant et perçant, le nez busqué, la peau translucide et les mains délicates, la solitude fastueuse et glacée. J'aimerais savoir pourquoi Marie et Élisabeth ont l'air si vivantes alors que les portraits de Shakespeare, peints à la même époque et d'une facture similaire, donnent toujours le sentiment d'être artificiels et sans âme.

J'ai détaillé longuement chaque visage, à tel point que nous n'avons pu voir que les salles consacrées aux XVIe et XVIIe siècles. Nous reviendrons la semaine prochaine pour découvrir les siècles suivants, je suis maintenant déterminée à tout voir tant ce lieu est passionnant.

Le Colonel a téléphoné : il m'invite à dîner à la campagne mercredi.

Lundi 19 juillet.

Je suis arrivée à Rutland Gate à 11 heures. Mensonge. J'ai toujours tellement peur de le faire attendre que je prends un taxi, ce qui fait que j'arrive inévitablement avec vingt minutes d'avance. En attendant de sonner à sa porte je me promène dans le voisinage. J'y ai pris goût, c'est un quartier passionnant.

Il m'a emmenée prendre un verre de sherry – bien matinal – à l'Old Wine Shades dans Martin Lane, près de la gare de Cannon Street. C'est bien le seul pub de Londres épargné par le grand incendie de 1666. Il a été construit avant 1663 et semble n'avoir pas changé. Des vénérables tonnelets de vin au-dessus du bar jusqu'aux tables de bois, en passant par les bancs tachés par les ans, tout semble archaïque, y compris le menu – j'imaginais parfaitement Sam Pepys commandant le pâté en croûte maison.

Puis nous sommes allés visiter la Banque d'Angleterre. Les portiers et les responsables d'étage, qui portent des livrées écarlates et des culottes à l'ancienne, s'inclinent en vous souhaitant le bonjour – eux mis à part, rien ne différencie l'endroit de l'habituel nid à cobras.

Nous avons déjeuné au George & Vulture. Le menu précise bien que « Mr. Pickwick a invité à dîner ici quarante-cinq convives, qui tous découvraient Londres pour la première fois ». Le restaurant est le quartier général du Pickwick Club. Sur les murs, des caricatures de Dickens. Entrecôtes et côtelettes sont cuites au feu de bois dans une grande cheminée de pierre.

Au coin de la rue se dresse « l'église des saints Michael Cornhill, Peter Le Poer et Benet Fink ». J'ai rajouté saint Benet Fink à la liste de mes saints favoris, juste en dessous des deux saints de La Nouvelle-Orléans.

Vers 1801, quand les États-Unis achetèrent la Louisiane, des négociants américains y introduisirent le commerce d'objets religieux catholiques et commencèrent à envoyer sur place des caisses entières – étiquetées FRAGILE ou EXPEDITE [1] – de statues destinées aux églises. Les habitants de La Nouvelle-Orléans étaient alors français ; ils crurent que ces deux mots correspondaient aux prénoms de deux saints présents dans ces caisses sous forme de statues. Dès lors, les deux saints les plus populaires de La Nouvelle-Orléans furent saint Fragile et saint Expedite.

Saint Fragile a peu à peu sombré dans l'oubli, mais aux dernières nouvelles il vous suffirait d'ouvrir un quotidien de la ville pour y lire à la rubrique « Nos lecteurs ont la parole » :

Nous remercions saint Expedite
pour avoir exaucé un vœu si cher à nos cœurs.

On le représente toujours vêtu d'une toge ; il aurait été romain sous l'Antiquité. J'aimerais en savoir autant sur saint Benet Fink – PB n'en avait jamais entendu parler.

Nous avons arpenté Lombard Street. PB m'a raconté qu'à Londres les premiers banquiers furent des Juifs venus de Lombardie au XVe siècle. Chaque usurier avait sa propre enseigne pour se différencier de ses concurrents, et dès lors toutes les banques de Lombard Street arborèrent des enseignes qui se balancent toujours au vent : un chat et un violon pour la Banque d'Écosse, une sauterelle pour une

1. *Expedite* : expédition de marchandises.

autre, un cheval au galop pour une troisième. PB ignorait l'origine de ces symboles, ils sont vieux de plusieurs siècles. (C'est alors que les Américains débarquent et décident d'ouvrir une banque dans Lombard Street. Voyant toutes ces enseignes représentant des animaux, ils s'écrient : « Écoutez, il faut que nous ayons la nôtre ! » Ils se décident sur-le-champ pour l'aigle national, nous n'avons aucune imagination.)

Samedi, PB nous emmène à la campagne Jean, Ted et moi pour visiter l'une de ces grandes demeures. Il a fait faire à mon intention une petite broche en or par un joaillier et j'ai été émue lorsque nous lui avons rendu visite, car il souhaitait avoir mon approbation. Il s'agit des armoiries rouge et blanc de la ville de Londres.

Je le verrai samedi pour la dernière fois, la broche sera prête d'ici là.

Mardi 20 juillet.

Je suis arrivée à Russell Square avant Ena, et mon ami le gardien, après avoir installé une chaise pour moi, a croisé les bras dans son dos et s'est penché, faisant mine de comploter :

« Sommes-nous quelqu'un que nous devrions connaître ? »

Je lui ai assuré que nous étions parfaitement anonyme, et il a secoué la tête d'un air de reproche.

« Les peintres ne font pas le portrait d'une Simple Inconnue. »

Je lui ai raconté que j'étais écrivain, mais ni célèbre ni importante. Il a sorti un petit calepin noir et y a inscrit mon nom et celui d'Ena avec le plus grand soin au moment même où cette dernière arrivait près du bain pour oiseaux, chancelante sous le poids de son matériel – chevalet, boîte à couleurs, palette, sans oublier l'énorme radio qu'elle persiste à trimbaler au cas où je m'ennuierais, et ce bien que je ne cesse de faire des remarques grossières sur les goûts musicaux de la BBC. Ils n'ont qu'une station de musique classique, et le programmateur est un fou de musique de chambre, ils en passent du matin au soir.

Ena m'a dit que j'avais complètement modifié son approche de l'art du portrait.

« C'est la première fois que je travaille en plein air. L'atmosphère et les émotions sont très différentes. Désormais, je choisirai le cadre, intérieur ou extérieur, en fonction de chaque personne. Vous aviez parfaitement raison : vous êtes un modèle de plein air.

– Nous ne sommes pas ici pour cette raison, mais bien parce que je suis surtout un modèle égoïste. »

Je crois qu'elle aurait aimé peindre toute la journée, mais elle a insisté pour s'arrêter à 13 heures, et ce en dépit de toutes mes protestations. Elle estime qu'il me reste bien peu de temps pour faire du tourisme.

Alors que nous nous dirigions vers le break après avoir rassemblé ses affaires, elle a contemplé Russell Square et a dit d'un air pensif :

« Vous aviez raison à propos de cet endroit. Il est vraiment particulier. »

Cela m'a fait sursauter. Je n'ai jamais rien dit de pareil. Jusqu'à ce qu'elle le fasse remarquer, je ne suis même pas certaine d'en avoir eu conscience.

Nous avons déjeuné chez Panzer puis nous sommes retournées à la National Portrait Gallery. J'ai vu Jane Austen, Leigh Hunt, Willie Hazlitt et le portrait des Brontë, qui donne le frisson : les trois sœurs, et au beau milieu une tache grise recouvrant le visage de Branwell.

Selon la légende, il se serait peint aux côtés de ses sœurs avant de se faire disparaître dans un accès de haine dirigé contre lui-même. Bien sûr, j'ai été incapable de me concentrer sur les trois femmes, le tableau est dominé par cette tache grise. On ne peut s'empêcher de se demander si Branwell savait qu'il en serait ainsi.

Mercredi 21 juillet.

Une fois de plus, le Colonel s'est surpassé pour me faire plaisir. J'avais complètement oublié que lorsque nous étions passés par Stoke Poges, alors que nous roulions vers Stratford, j'avais voulu faire un détour pour voir le cimetière décrit par Gray, simplement parce que son *Élégie* était le poème favori de ma mère. Le Colonel, lui, ne l'avait pas oublié : il m'a emmenée dîner là-bas ce soir, passant outre aux deux heures de voiture.

Nous sommes arrivés au crépuscule. Pas une âme en vue. Lorsque nous sommes entrés dans le cimetière, les cloches sonnaient le glas du jour.

La mère de Gray y est inhumée. Le poète lui a composé l'épitaphe suivante :

De tous ses nombreux enfants,
un seul a eu le malheur de lui survivre.

L'église a sept cents ans, elle est très simple et même quelconque. J'ai remarqué des bouquets de fleurs sauvages sur l'autel. En descendant l'allée centrale, vous marchez sur des tombes très anciennes ; des paroissiens ont été inhumés il y a des siècles sous le sol de pierre, leurs noms sont aujourd'hui effacés.

Le Colonel a flâné dans le cimetière, préférant me laisser seule dans l'église. Comme j'aurais aimé que ma mère sût où je me trouvais ! J'avais la sensation d'être une enfant perchée dans un arbre : « Hé ! maman, regarde ! »

La belle-sœur du Colonel, qui est veuve, vit tout près de Stoke Poges. Elle enseigne à Londres et fait l'aller-retour chaque jour – quatre heures de transport. Dans ce domaine ils sont aussi fous que les Américains. Nous sommes allés la prendre chez elle avant d'aller dîner. Un quartier résidentiel ravissant – qui pourrait être n'importe où dans le Connecticut, de même que la maison de Nora pourrait être n'importe où dans le Queens. Il est étonnant de penser que ces banlieues se ressemblent tant – jusqu'à l'anonymat. Rien ne les différencie, comme les autoroutes. C'est peut-être pourquoi j'aime le cœur des villes. Il n'y a pas une rangée de maisons à Londres qui puisse se comparer à une rue de New York. De même que pas un quartier de New York ne vous rappellerait Londres, ne serait-ce que l'espace d'un instant.

Nous avons dîné au Jolly Farmer, un pub haut de gamme. « Pub » est un terme très élastique qui englobe à la fois le bar du coin, la formule bar-grill, un bar où l'on sert des cocktails ou un restaurant de luxe. Le Jolly Farmer a tout d'un restaurant du Connecticut : cuisine excellente, prix vertigineux et charme implacable. J'ai pris un curry de crevettes, et lorsque j'ai dit au chef qu'il était meilleur que le mien, il m'a offert un pot de son curry maison que j'emporterai dans mes bagages.

« Dites-moi, a demandé la belle-sœur du Colonel au moment du café, pourquoi tous les Américains aiment-ils tant l'*Élégie* de Gray ? »

Franchement, je l'ignorais. À l'exception de ma mère, aucun de mes compatriotes ne l'a jamais mentionnée devant moi. Mais la belle-sœur du Colonel croise à Stoke Poges bien plus de touristes américains que je n'en rencontrerai jamais à New York, et tous viennent en pèlerinage pour cette seule raison, alors je la crois bien volontiers. N'ayant pas le courage de répondre : « Je l'ignore », j'ai improvisé une explication.

« Nous sommes un peuple d'immigrants. Tous nos ancêtres appartenaient aux couches les plus pauvres et les plus méprisées d'Europe et d'Afrique. À l'école nous avons étudié la poésie anglaise, et tous les auteurs que nous lisions célébraient l'aristocratie : les rois et les reines, la sœur de Lord X ou la mère de Lord Y, les flèches des églises d'Oxford et les terrains de sport d'Eton. À l'exception de Gray. Il a célébré le quotidien des humbles et des obscurs. Et comme tous les Américains descendent de ces humbles et de ces obscurs, j'imagine qu'il fait vibrer en nous une corde sensible. »

J'espère que c'est la vérité car elle l'a crue, tout comme le Colonel, d'ailleurs. J'y ai cru moi-même. J'ai été tellement emportée par mon éloquence que sur le chemin du retour je me suis demandé si cette thèse expliquant l'affection des Américains pour Gray ne pouvait pas s'appliquer à la passion des Anglais pour Dickens. Ils admirent plus Shakespeare, mais c'est Dickens qu'ils aiment. Peut-être que l'Anglais moyen, n'étant ni roi ni paysan, s'identifie moins aux personnages shakespeariens qu'aux classes moyennes et populaires, bien plus mobiles socialement, décrites par Dickens. Même PB partage la dickensmania nationale ; il est vrai que l'un de ses arrière-grands-pères était poissonnier, et que lorsqu'il était à Eton les autres élèves lui reprochaient avec mépris d'avoir pour mère une « coloniale » née en Australie.

Dimanche soir, le Colonel donne une soirée d'adieu en mon honneur. Lundi, jour de mon départ, il sera à mes côtés à l'aéroport.

Jeudi 22 juillet.

Je me sens tellement coupable d'imposer à Ena ces séances de pose en plein air ! Chacun connaît la réputation du climat londonien. Ce matin il a plu deux fois. Hier, lorsque la pluie s'est mise à tomber, Ena m'a emmenée à la Tour de Londres, mais il y avait de longues queues à l'extérieur et je ne peux toujours pas rester debout longtemps. Aujourd'hui, nous y sommes retournées, mais à mi-chemin le temps s'est brusquement dégagé et je l'ai obligée à repartir pour Russell Square. Nous visiterons la Tour dimanche, j'aime l'idée que ce soit ma dernière image de Londres.

Mon ami le gardien est maintenant tout à fait excité par notre travail. Il a déclaré à Ena sur un ton solennel :

« Un jour ce portrait vaudra un demi-million de livres. »

Je lui ai dit que si tel était le cas, je voulais la moitié de la somme.

Leo est arrivé en voiture à 18 heures. J'ai vu Ena grincer des dents, elle aurait voulu peindre aussi longtemps que la lumière le permettait. Elle lui a demandé de revenir nous chercher à l'heure du dîner, mais elle comptait bien ne plus le revoir avant 19 heures ; tout comme moi, il n'a aucun sens de l'orientation. Or il a trouvé Russell Square sans le moindre problème et cela a rendu Ena furieuse. Et le cher Leo, qui n'a rien compris à la situation mais qui vénère sa femme, a commis un nouveau faux pas, bien pire encore : il s'est placé derrière elle, les mains croisées dans le dos, puis a contemplé longuement le portrait (Ena déteste travailler en public même si le public se résume à Leo) avant de me dire combien il « allait être beau ». Elle a mis fin à la séance de pose en un instant et nous sommes partis chez Panzer, Ena et moi dans le break, Leo au volant de sa propre voiture. Il désirait m'inviter dans un très grand restaurant pour notre dîner d'adieu, mais je lui ai dit que je préférais passer la soirée chez Panzer.

Comme nous finissions de boire l'apéritif tout en essayant de trouver un jour pour visiter Chartwell, la maison de famille de Churchill que des amis à eux ont rachetée, j'ai entendu quelqu'un dire :

« Bonsoir, Helene. »

J'ai levé la tête et j'ai vu venir vers moi une femme que je croise depuis des années à New York. Elle y tient une boutique en vogue et elle-même est une grande prêtresse de la mode. Elle s'est toujours montrée parfaitement amicale et charmante lorsque nous nous rencontrions, mais elle considérait alors que je ne méritais pas plus qu'un simple bonjour, en passant.

Je me suis exclamée « Dieu-du-ciel-Dorothy » et je l'ai présentée à Leo et Ena. Leo l'a conviée à se joindre à nous pour dîner et elle a accepté. Elle a expliqué qu'elle faisait un bref séjour professionnel à Londres et qu'elle venait d'atterrir. Leo, qui est l'homme le mieux élevé du monde, a passé commande pour elle tout en retenant son attention afin qu'Ena et moi puissions résoudre le problème Chartwell.

Problème très simple puisque je m'en vais lundi matin et que je ne dispose plus d'un seul jour de libre pour les accompagner là-bas.

« Demain, ai-je dit à Ena, Sheila Doel me conduit à Hatfield [1], c'est le seul château que j'aie jamais voulu visiter ; puis retour à Highgate pour mon dernier dîner avec Nora. Samedi, je passe ma dernière journée avec Pat Buckley, il m'emmène quelque part à la campagne.

– J'aimerais que vous rencontriez les Mann, a poursuivi Leo. S'ils peuvent nous recevoir dimanche, nous accompagnerez-vous ? »

Et il a expliqué à Dorothy que Christopher Mann et son épouse, Eileen Joyce, étaient les actuels propriétaires de Chartwell.

« Notre ultime séance de pose aura lieu dimanche. Je crois qu'Ena compte sur moi.

– Est-ce vraiment nécessaire ? » a-t-il demandé.

---

1. C'est à Hatfield que le 17 novembre 1558 Élisabeth apprit qu'elle devenait reine d'Angleterre.

Ena a hoché la tête, et il a raconté à Dorothy qu'elle faisait mon portrait.

« Je ne vois pas pourquoi vous devez absolument repartir lundi », a protesté Ena en soupirant.

J'ai soupiré à mon tour, tout comme Leo. C'est alors qu'il s'est tourné vers Dorothy.

« Depuis combien de temps vous connaissez-vous ?

– Je ne sais pas. Huit ou dix ans, a-t-elle répondu d'un ton vague.

– Dites-moi, a-t-il ajouté de sa voix vibrante de baryton, nous ne la connaissons que depuis quelques semaines, mais pourquoi est-ce si difficile de nous séparer d'elle ? »

Je me suis tournée vers Dorothy, sur le point de faire une plaisanterie, mais je me suis abstenue. La réfléxion de Leo l'avait laissée bouche bée. Elle a marmonné quelques mots, puis elle m'a regardée, l'air toujours hébété – l'incrédulité faite femme. L'étonnement que j'ai lu sur son visage m'a rappelé mes propres réactions – par rapport au fait d'être une duchesse l'espace de cinq semaines.

Nous sommes sortis du restaurant et Dorothy a remercié Leo pour le dîner tout en refusant d'être déposée à son hôtel. Elle a dit qu'il était au bout de la rue. Puis s'adressant à moi (elle luttait pour dissimuler sa gêne derrière une voix légère et taquine) :

« J'imagine qu'il est inutile de vous demander de me caser quelque part dans votre emploi du temps ? »

J'aurais voulu répondre : « Ne vous inquiétez pas, Dorothy. La semaine prochaine, le bal sera fini et Cendrillon retrouvera sa batterie de cuisine, sa machine à écrire et ses bonnes vieilles frusques. » Je me suis contentée de sourire et je lui ai dit que nous nous verrions à New York.

Vendredi 23 juillet.

Que Dieu bénisse Sheila ! Hatfield House a été la cerise sur le gâteau. Ce n'est pas le château le plus ancien ou le plus beau, mais il est tellement lié à Élisabeth. Elle y a grandi. L'une des ailes est toujours debout, nous avons vu ses salles à manger – et ses cuisines où elle ne mettait jamais les pieds.

Nous nous sommes assises sur un banc de pierre du jardin. Tout était silencieux et désert, et on pouvait l'imaginer, quatre cents ans plus tôt, entourée des gentilshommes du Conseil arrivés de Londres à cheval. À genoux, ils lui annoncent qu'elle est désormais reine d'Angleterre.

Nous sommes revenues à Highgate pour dîner et Nora m'a donné quelques photos de la librairie Marks & Co., un souvenir pour New York, et un portrait de Frank. Elle m'a avoué combien elle était furieuse lorsqu'il rapportait mes lettres à la maison pour les lire à sa famille.

« Je lui disais toujours : “Quelle sorte de mari es-tu donc ? Rapporter chez toi les lettres d'une autre femme !”

– S'il vous en avait caché l'existence, cela aurait été bien plus inquiétant », lui ai-je répondu.

Elle m'a regardée et a acquiescé d'un signe de tête. « C'est ce que Frank disait toujours. »

La belle saison est presque terminée ; Nora m'a donné les dernières roses de son jardin, elles m'accompagneront à New York.

Samedi 24 juillet.

Visite de Losely House, un manoir élisabéthain, en compagnie de PB et des Ely. Élisabeth en personne y a séjourné. Une fois de retour à Londres, elle a envoyé à son hôte une longue liste de griefs et de critiques.

Demain, ils dînent tous les trois dans un pub où Sam Pepys aimait se rendre, et ils tiennent à ce que je les accompagne. Je leur ai dit que j'essaierais de passer avant la soirée du Colonel – je sais parfaitement que ce sera impossible mais je suis lâche. Je n'ai pas su dire au-revoir-et-merci à PB. Je l'appellerai demain matin et lui ferai mes adieux au téléphone.

Après avoir déposé les Ely au Connaught, nous sommes allés chercher ma broche chez le joaillier. C'est une croix en or ornée du sceau rouge et blanc et de la devise de la ville de Londres :

DOMINE DIRIGE NOS

J'ai confiance, Il continuera à les guider.

Dimanche 25 juillet.

J'ai fait l'essentiel de mes bagages hier soir, ainsi Ena a-t-elle pu commencer à travailler plus tôt ce matin. Elle a peint jusqu'à midi, la pluie nous a alors chassées.

Nous avons roulé dans Regent's Park et j'ai pu jeter un dernier coup d'œil aux maisons de Nash et à toutes ces rues ravissantes. Puis déjeuner d'adieu chez Panzer, avant de nous rendre à la Tour de Londres.

Les visiteurs, formant quatre queues différentes, attendaient de pouvoir y entrer. L'une des files s'étendait le long des grilles, sur la distance d'un pâté de maisons, dans la plus parfaite immobilité. J'ai su alors que je n'en verrais jamais l'intérieur. Que d'occasions perdues ! J'ai attendu trop longtemps.

« L'été prochain, s'est exclamée Ena, nous ferons la liste de tous les endroits que vous n'avez pas encore visités, et nous commencerons par la Tour ! »

Elle me conduira à l'aéroport demain matin.

Plus tard.

Le Colonel vit dans un appartement confortable de Chelsea et ses amis sont tous charmants. Je me suis sentie à l'aise en leur compagnie : deux hommes, plusieurs veuves séduisantes et un jeune couple timide venu de Suisse. Je n'ai retenu aucun nom et je n'ai pas le moindre souvenir de ce dont nous avons parlé. Impossible de me concentrer. La fête s'est achevée assez tôt puisque je dois partir pour l'aéroport demain matin à 10 heures. Nora était présente. Elle m'a reconduite à l'hôtel et nous nous sommes séparées en nous promettant de nous écrire.

J'écris ces lignes dans mon lit. Les valises sont prêtes, elles gisent ouvertes sur le sol de la chambre, il n'y a plus rien sur la coiffeuse et les rideaux sont tirés pour me protéger de la pluie. Cette pièce ressemble de nouveau à celle que j'ai découverte le soir de mon arrivée.

Lundi 26 juillet.

J'ai fait descendre ma valise après le petit déjeuner et j'ai réglé la note. J'ai également téléphoné à PB pour lui dire au revoir mais il n'y avait personne.

Puis j'ai fait un saut aux éditions Deutsch afin de signer une vingtaine de livres pour les libraires australiens qui sont attendus à Londres dès demain. Je ne les connais pas personnellement mais il m'est toujours aussi difficile d'inscrire simplement mon nom et de passer à un autre, cela semble si peu amical. J'ai écrit : « À un inconnu amoureux des livres » sur chaque exemplaire. Parfois je pense que je suis folle.

J'ai fait mes adieux à Carmen, à Mr. Tanner et à toute l'équipe, sauf à André qui n'était pas encore arrivé. Puis je suis allée dire au revoir à Russell Square. Mon ami le gardien n'avait pas encore pris ses fonctions ; j'étais complètement seule.

Une fois de retour à l'hôtel, j'ai essayé de joindre à nouveau PB, en vain. J'ai décidé de lui écrire à la minute même où j'arriverais à la maison, ce que j'aurais fait de toute manière. Lorsque je suis sortie de la cabine téléphonique, Mr. Otto s'est incliné et m'a dit d'un ton solennel :

« La Jag-U-Ar de Madame est avancée. »

Ena a emprunté une Jag.

« Leo avait besoin de la voiture et je n'allais pas vous conduire à l'aéroport dans mon break : il est si bruyant que nous n'aurions pas pu échanger un seul mot. »

Elle m'a offert une bague surmontée de deux petites perles car une fois elle m'a entendue dire combien je les aimais.

Le Colonel nous attendait à Heathrow. Il a fait prendre ma valise et nous a emmenées boire un verre de sherry au salon des VIP. Il a alors annoncé à Ena qu'une fois mon avion parti il lui ferait visiter les zones de l'aéroport interdites au public.

Ils m'ont accompagnée tous les deux jusqu'à l'avion. Le Colonel m'a confiée à une hôtesse en lui disant de prendre grand soin de moi, puis ils m'ont embrassée. J'avais un siège près du hublot, je m'y suis glissée et je les ai cherchés du regard. Au moment même où je les ai enfin repérés, j'ai levé la main pour leur dire au revoir mais ils s'éloignaient déjà, avant de disparaître dans la foule.

L'avion a décollé, et soudain j'ai eu l'impression que tout se volatilisait : Bloomsbury et Regent's

Park, Russell Square et Rutland Gate. Rien de tout cela n'était arrivé, rien n'avait été réel. Pas même les gens que j'avais rencontrés. J'avais tout imaginé, ils étaient tous des fantômes.

Je suis assise dans cet avion, essayant désespérément de revoir leurs visages, de retenir Londres encore un moment, mais la vie quotidienne a déjà repris sa place dans mon esprit : une pile de courrier m'attend, des amis m'attendent, le travail m'attend.

Soudain, j'ai pensé à ces paroles de Prospero :

> Nos divertissements sont finis. Ces acteurs
> … étaient tous des esprits :
> Ils se sont dissipés dans l'air, dans l'air subtil…
> Les tours ennuagées, les palais somptueux,
> Les temples solennels… se dissoudront,
> S'évanouiront tel ce spectacle incorporel,
> Sans laisser derrière eux ne fût-ce qu'un brouillard.
> Nous sommes de la même étoffe que les songes [1]…

Repose en paix, Mary Bailey.

1. William Shakespeare, *La Tempête*, traduction de Pierre Leyris, Paris, Flammarion, 1991, p. 225.

Imprimé par CPI (Barcelona)
en juillet 2015
Dépôt légal : août 2004

Imprimé en Espagne